L'ART DE LA COMPASSION

Catalogue détaillé de la collection
en fin de volume

Collection
AIDER LA VIE
sous la direction de Robert Laffont

Apporter un réconfort ; affirmer que la main tendue est la seule attitude qui vaille ; communiquer une joie possible ; aider les autres à trouver un sens à leur vie... *Aider la vie* : voilà le désir qui anime la collection qui porte ce titre. Avec, pour moi, l'envie d'essayer d'apporter au public quelque chose de plus, par la seule voie que je connaisse, qui me convienne et que j'aime, le livre.

Une tâche que je persiste à ne pas croire utopique car, comme je le disais en présentant le premier ouvrage paru dans la collection, si seulement quelques êtres retrouvaient, par la lecture, le fil du chemin perdu, mon but serait atteint : l'important, c'est bien ce partage-là.

R.L.

Du même auteur
dans la même collection

La Force du bouddhisme
(avec Jean-Claude Carrière), 1994

L'Art du bonheur (avec Howard Cutler), 1999

SA SAINTETÉ LE DALAÏ-LAMA
NICHOLAS VREELAND

L'ART DE LA COMPASSION

traduit de l'américain par Daniel Roche

ROBERT LAFFONT

Titre original : AN OPEN HEART

ISBN 2-221-09657-6
(édition originale : ISBN 0-316-98979-7 Little, Brown and Company, New York)

Avant-propos

par Nicholas Vreeland

Que tous les êtres soient libérés de leur souffrance. Voilà comment le bouddhisme définit la compassion. Malheureusement, débarrasser le monde des malheurs qui l'accablent paraît une tâche dépassant nos forces, puisqu'il n'existe pas de baguette magique qui puisse transformer l'affliction en bonheur. Nous pouvons, en revanche, faire progresser notre esprit sur le chemin de la vertu et aider notre prochain à faire de même.

En août 1999, le Centre tibétain et la Fondation Gere avaient invité Sa Sainteté le dalaï-lama à donner une série de conférences à New York. Ce livre les rassemble. Dans les pages qui suivent, Sa Sainteté nous apprend comment ouvrir notre cœur et témoigner une compassion véritable et durable à l'ensemble des êtres sensibles. La vie même du dalaï-lama témoigne de la puissance de cette ouverture du cœur. Son propre entraînement spirituel commence dès sa petite enfance. Reconnu comme étant la réincarnation du treizième dalaï-lama à l'âge de deux ans, il est emmené hors de sa famille, au nord-est du Tibet, et conduit à Lhassa, la capitale. À seize ans, il prend la direction des affaires temporelles de son pays. Quelques années plus tard, l'armée chinoise envahit le Tibet. Sa croyance en la non-violence et en la tolérance est mise à l'épreuve, avec une extrême violence. Il protège néanmoins son peuple du mieux qu'il peut et tente de tenir ses agresseurs en respect, tout en poursuivant ses études et sa pratique de la voie bouddhiste du salut.

En 1959, les communistes chinois s'apprêtent à bombarder son palais d'été ; le dalaï-lama, alors âgé de vingt-quatre ans, est contraint de s'enfuir. Plus de cent mille Tibétains le suivent dans cet exil. Aujourd'hui, la diaspora tibétaine disséminée tant en Inde que dans le reste du monde se consacre à une extraordinaire campagne non violente pour la libération du Tibet. À Dharamsala, ville indienne nichée dans les contreforts de l'Himalaya, Sa Sainteté a établi un gouvernement démocratique tant au service des Tibétains restés au Tibet que du grand nombre de réfugiés vivant dans des camps en

Inde ou dans d'autres pays. Sa Sainteté travaille à préserver la culture tibétaine dans son ensemble et tout particulièrement la tradition spirituelle, tant il est vrai qu'au Tibet culture et spiritualité sont inséparables. Il maintient sa pratique de l'étude de la contemplation et de la méditation et enseigne sans relâche la voie bouddhiste. Afin de préserver la vitalité de la compréhension bouddhiste du monde, telle qu'elle fut exposée par le Bouddha Sakyamuni, son initiateur, il s'emploie à la réhabilitation de couvents et de monastères ainsi qu'à la remise en route des cycles d'études et des pratiques traditionnelles.

Bon nombre de lecteurs connaissent l'histoire de la naissance du bouddhisme. Au ve siècle av. J.-C., le prince Sakyamuni mène une vie d'opulence et de plaisir dans le royaume de son père qui correspond à l'actuel Népal. Bien qu'il ne soit encore qu'un tout jeune homme, Sakyamuni prend conscience de la vanité de sa confortable existence. La vieillesse, la maladie et la mort qui frappent les êtres qui l'entourent lui révèlent le caractère illusoire de ce confort et du bonheur terrestre. Une nuit, le jeune prince, marié depuis peu, quitte son palais, abandonnant son épouse et son petit garçon. Il coupe sa longue chevelure avec son épée et s'enfonce dans la jungle afin de chercher le moyen de se libérer de la vie d'ici-bas et — ainsi qu'il vient de le comprendre — des malheurs qui y sont irrémédiablement associés.

Quelque temps après, le jeune renonçant rencontre cinq ascètes, auprès desquels il passe de nombreuses années, années qu'il consacre à une méditation rigoureuse et à d'autres pratiques austères. Cependant, il prend conscience que ce mode de vie ne l'a nullement fait progresser vers la sagesse et l'Éveil. Il quitte ses compagnons, rompt avec leurs pratiques rigoristes et décide de se consacrer à la quête de la Vérité suprême. Il s'assied sous l'arbre de Bodhi et fait le vœu de ne plus bouger jusqu'à ce qu'il ait atteint ce but de la réalisation ultime. Sa longue persévérance est récompensée. Le prince Sakyamuni comprend la nature véritable par laquelle les phénomènes existent et accède au plein Éveil et à l'état omniscient d'un bouddha.

Le Bouddha Sakyamuni sort de sa méditation et entame un périple à travers l'Inde du Nord, jusqu'à ce qu'il retrouve ses cinq compagnons ascètes, qui lui opposent tout d'abord une ostensible indifférence. Ils sont convaincus que le prince a renoncé à ce qu'ils considèrent comme la véritable voie spirituelle. Cependant, le rayonnement de son éveil les impressionne tant qu'ils l'implorent de leur faire partager ses découvertes. Le Bouddha expose les Quatre Nobles Vérités : la vérité de la souffrance, son origine, la possibilité de sa cessation et le chemin menant à cette cessation. Le Bouddha révèle l'essence véritable de notre misérable condition. Il leur enseigne les causes de cette situation. Il démontre l'existence d'un état dans lequel la souffrance et ses causes cessent. Enfin, il les instruit sur la méthode qui permet d'y parvenir.

Lors de son séjour à New York, Sa Sainteté le dalaï-lama a donné trois journées d'enseignements au Beacon Theatre. Ces entretiens portaient sur les méthodes bouddhistes permettant d'atteindre l'Éveil ultime. Il commenta deux textes majeurs : les *Étapes de la méditation*, de Kamalashila, maître indien du VIIIe siècle, et les *Trente-Sept Pratiques des bodhisattvas*, ouvrage de Togmay Sangpo, sage tibétain du XIVe siècle.

Les *Étapes de la méditation* ont été composées dans un contexte historique précis. Le trente-septième roi du Tibet, Trison Detsen, avait invité le philosophe indien afin qu'il défende l'approche analytique de la pratique bouddhiste en vigueur dans les grandes universités monastiques de

Nalanda et Vikramalasila. Cette forme de bouddhisme, introduite au Tibet par Shantarakshita, le maître de Kamalashila, était contestée par Hashang, un moine chinois. Ce dernier enseignait une doctrine déconseillant toute activité mentale. Afin de décider quelle forme de bouddhisme serait suivie au Tibet, un débat fut organisé en présence du roi. Dans la controverse qui opposait Kamalashila et Hashang, Kamalashila démontra de manière irréfutable l'importance du raisonnement logique dans la formation spirituelle. Il fut proclamé vainqueur. Pour célébrer sa victoire, le roi lui demanda de composer un texte explicitant sa philosophie. Il écrivit les *Étapes de la méditation*, dont il existe trois versions : une longue, une moyenne et une courte.

Le texte de Kamalashila expose clairement et avec concision ce qu'on appelle le « vaste » et le « profond », deux étapes du chemin vers l'Éveil suprême. Sa Sainteté déploie de grands efforts pour faire connaître cet ouvrage d'une immense valeur, de même qu'il le juge insuffisamment étudié au Tibet.

Le deuxième texte, Les *Trente-Sept Pratiques des bodhisattvas*, est une description claire et concise de la manière dont on doit dédier sa vie aux autres. Son auteur, Togmay Sangpo, nous exhorte à reconnaître notre dépendance à l'égard de nos semblables et à en tirer les conséquences, c'est-à-dire à modifier notre comportement égoïste. Togmay Sangpo menait l'existence d'un simple moine, se dévouant sans compter pour ses semblables, en ouvrant son cœur à l'amour et à la compassion.

Le traducteur de ces entretiens, Geshe Thubten Jinpa, a su admirablement rendre les subtils aspects de la philosophie bouddhiste tels que les expose le dalaï-lama, sans omettre l'humour bienveillant toujours présent dans ses enseignements.

Un dimanche matin, dernier jour de la visite de Sa Sainteté, plus de deux cent mille personnes s'étaient rassemblées dans la Prairie Est de Central Park pour l'écouter parler des *Huit Stances de l'entraînement de l'esprit*, un poème de Langri Tangpa, sage tibétain du XIe siècle. S'adressant à ses auditeurs en anglais, Sa Sainteté nous dit l'importance de respecter nos voisins, nos compatriotes, les nations qui nous entourent et toute l'humanité. Il nous expliqua comment transformer l'orgueil en humilité et la colère en amour. Il exprima son inquiétude sur le fossé existant entre les riches et les pauvres. Il termina en disant une prière pour que tous les êtres trouvent le bonheur. La transcription de la conférence de Central Park constitue l'introduction de ce livre.

J'espère et je prie pour que cet ouvrage contribue à aider dans leur quête du bonheur tous ceux qui le liront et aussi pour qu'un tel bonheur se propage, afin que tous les êtres ouvrent un tant soit peu leur cœur.

Introduction

Central Park, New York, 15 août 1999

Chers frères et sœurs,

Je crois que tout être humain a le désir inné d'être heureux et de ne pas souffrir. Je crois aussi qu'un tel bonheur est le but de toute vie. Je suis convaincu que chacun de nous possède la même capacité de trouver la paix intérieure et de parvenir à la joie et au bonheur. Que nous soyons riches ou pauvres, instruits ou analphabètes, noirs ou blancs, occidentaux ou orientaux, notre potentiel est le même. Nous sommes tous identiques du point de vue mental et émotionnel. Certains d'entre nous ont un nez plus ou moins large et la couleur de leur peau varie, mais nous sommes foncièrement identiques. Les différences sont acccssoircs. Nos similitudes, qu'elles soient mentales ou émotionnelles, sont en revanche essentielles.

Nous avons tous en commun d'éprouver des émotions perturbatrices ou positives, ces dernières nous apportant force intérieure et tranquillité. Je pense qu'il est important pour chacun de nous d'être conscient de son potentiel et d'y puiser la confiance en soi dont il a besoin. Nous ne voyons, parfois, que l'aspect négatif des situations, ce qui nous fait perdre espoir. Cela me semble une mauvaise approche des choses.

Je n'ai pas de miracle à vous offrir. Si je connaissais un être doué de pouvoirs miraculeux, je lui demanderais son aide. À franchement parler, ceux qui se targuent de posséder des pouvoirs extraordinaires me laissent sceptique. En revanche, je sais qu'un entraînement assidu de notre esprit peut modifier nos perceptions et nos habitudes mentales. Et donc changer notre vie.

En adoptant une attitude mentale positive, nous parvenons à conserver notre paix intérieure, y compris dans des circonstances hostiles. Au contraire, si notre attitude mentale demeure négative, si la peur, la suspicion, le sentiment d'impuissance ou le dégoût de soi nous dominent, nous ne connaîtrons pas le bonheur, même si nous sommes entourés d'amis fidèles, vivons dans un cadre agréable et jouissons de tout le confort.

Je pense que l'on se trompe si l'on compte sur l'aisance financière ou les profits matériels pour résoudre nos problèmes. Et qu'il est irréaliste de croire qu'un facteur extérieur puisse entraîner un quelconque progrès dans notre vie. Il est bien évident que notre situation matérielle est importante et contribue à un certain bien-être, mais notre attitude mentale intérieure est aussi importante, sinon plus. Nous devons apprendre à renoncer au luxe qui est un obstacle à notre pratique.

Il me semble que l'on a trop souvent tendance à insister sur le développement matériel, et ce au détriment des valeurs intérieures. Il est urgent de trouver un meilleur équilibre entre nos préoccupations matérielles et notre développement spirituel. C'est parce que l'être humain est un animal social que ses vraies valeurs sont le sens du partage et l'altruisme. Nous devons travailler à entretenir et à développer ces qualités. Nous devons aussi respecter les droits de nos semblables : c'est une façon de reconnaître que notre bonheur et notre bien-être futurs dépendent de tous les autres membres de notre société.

En ce qui me concerne, j'ai perdu ma liberté à

l'âge de seize ans et mon pays à vingt-quatre ans. Je suis exilé depuis quarante ans et dois assumer de lourdes responsabilités. Quand je regarde en arrière, je constate que ma vie n'a pas été facile. Pourtant, durant toutes ces années, j'ai appris la compassion et le dévouement. C'est cette attitude mentale qui m'a donné ma force intérieure.

L'une de mes prières préférées est :

Aussi longtemps que demeure l'espace,
Aussi longtemps que demeurent des êtres sensibles,
Je demeurerai
Pour aider, pour servir,
Pour apporter ma propre contribution.

Cette forme de pensée apporte force intérieure et confiance. Elle a donné un sens à ma vie. Peu importe les problèmes parfois inextricables auxquels on est confronté, si l'on adopte cette attitude mentale la paix intérieure est à portée de main.

J'insiste encore une fois : *Nous sommes tous les mêmes !* Certains d'entre vous ont peut-être l'impression que le dalaï-lama est différent du commun des mortels. C'est faux. Je suis un être humain tout comme vous, doué du même potentiel.

Le développement spirituel ne suppose pas

nécessairement d'adhérer à une religion particulière.

Je voudrais maintenant poser la question d'une morale laïque. Toutes les grandes traditions religieuses, me semble-t-il, ont un point commun : pour développer notre altruisme elles nous invitent à faire passer notre préoccupation d'autrui avant la nôtre. Il existe d'indéniables différences philosophiques et liturgiques entre ces religions, mais leur message est peu ou prou le même. Elles nous exhortent toutes à l'amour, à la compassion et au pardon. Même ceux qui n'ont pas la foi reconnaissent en ces vertus intrinsèques des valeurs humaines élémentaires.

Dans la mesure où notre existence et notre bien-être dépendent étroitement du travail et des efforts d'innombrables êtres humains, il importe de définir exactement le rapport que nous souhaitons entretenir avec eux. Nous avons souvent tendance à oublier cette donnée première. Aujourd'hui, le principe d'économie globale enlève tout sens aux frontières nationales. Les pays mais aussi les continents dépendent désormais les uns des autres. Nous sommes devenus, que nous le voulions ou non, totalement solidaires les uns des autres.

Lorsque nous examinons en détail les épreuves

auxquelles est confrontée l'humanité, nous découvrons que nous en sommes les seuls auteurs. Je ne parle pas des catastrophes naturelles, mais les conflits, les massacres, les problèmes qui découlent du nationalisme et donc des frontières, sont toujours le fait des êtres humains.

Si nous observions la Terre depuis l'espace, nous n'apercevrions ni démarcations ni frontières nationales. Nous ne verrions qu'une petite planète, d'un seul tenant. Mais, dès que nous traçons une ligne sur le sable, nous suscitons un sentiment de différence : d'un côté « nous » et de l'autre « eux ». Plus ce sentiment se développe, plus il nous masque la réalité de la situation. Dans de nombreux pays d'Afrique et, plus récemment, d'Europe de l'Est — notamment ceux issus de l'ex-Yougoslavie —, nous avons assisté aux ravages occasionnés par l'exacerbation des nationalismes.

Il faut bien comprendre que ces concepts « nous » et « eux » sont périmés, car les intérêts de nos voisins se confondent aujourd'hui avec les nôtres. Veiller sur les intérêts de nos voisins revient à préserver notre avenir. Aujourd'hui la réalité est simple : en blessant notre ennemi, c'est à nous-même que nous faisons le plus grand tort.

Notre monde a énormément changé. De par

l'évolution technologique, la mondialisation de l'économie, la démographie galopante, la planète sur laquelle nous vivons s'est, en quelque sorte, rétrécie. Pourtant, notre vision du monde n'a pas évolué au même rythme. Les humains continuent de se cramponner aux vieilles démarcations nationales et à la vieille distinction entre « nous » et « eux ».

La guerre semble indissociable de l'histoire de l'humanité. Quand nous l'examinons, que constatons-nous ? Autrefois pays, régions et même villages étaient relativement indépendants les uns des autres. Dans ce contexte, la destruction de l'ennemi pouvait représenter une victoire pour un groupe donné. La guerre et la violence revêtaient un certain sens. Mais aujourd'hui, l'interdépendance est devenue telle que le concept de guerre est bel et bien dépassé. Quand nous nous trouvons confrontés à des difficultés, à des litiges, nous devons parvenir à un accord par la voie du dialogue. Le dialogue constitue la seule méthode appropriée et la victoire d'un groupe sur l'autre a perdu toute pertinence. Nous devons travailler à résoudre les conflits dans un esprit de conciliation et toujours garder présent à l'esprit l'intérêt d'autrui. Nous ne pouvons détruire nos voisins ! Nous ne pouvons ignorer leurs intérêts ! Une telle attitude nous causerait nécessairement des souffrances. J'estime donc le recours à la violence inapproprié. La non-violence est la seule méthode adéquate.

Opter pour la non-violence ne signifie nullement se réfugier dans l'indifférence. Au contraire, il est important de s'engager à fond, mais pas à notre seul profit. Nous devons éviter de nuire aux intérêts d'autrui. La non-violence ne se réduit donc pas à l'absence de violence, elle suppose un sens de la compassion et du dévouement. Elle est en quelque sorte une expression de la compassion. Je suis profondément convaincu que nous devons encourager ce concept de non-violence aussi bien au sein de la famille que dans la vie sociale et les rapports internationaux. Chaque individu a le pouvoir de contribuer à la non-violence empreinte de compassion que j'évoque ici.

Comment la mettre en œuvre ? En commençant par nous-même. Essayons d'élargir notre champ de vision, regardons la situation sous des angles multiples. Généralement, quand nous examinons un problème, nous avons tendance à nous en tenir à notre point de vue — en ignorant parfois délibérément ses autres facettes. Une telle attitude entraîne souvent des conséquences négatives. C'est pourquoi il est si important d'ôter nos œillères.

« Les autres » font aussi partie de notre société, acceptons-le. Supposons que cette société soit un corps doté de bras et de jambes. Bien sûr, le bras est différent de la jambe. Pourtant si le pied se blesse, la main lui porte secours. De la même manière, quand quelque chose va de travers dans cette société, nous sommes, de fait, tous concernés et chacun doit payer de sa personne. Pourquoi ? Parce que nous appartenons tous à un même corps.

Nous devons aussi nous soucier de notre environnement. La Terre est notre maison, notre unique maison ! On entend, il est vrai, des scientifiques évoquer la possibilité que l'humanité s'installe un jour sur la Lune ou sur Mars. Si nous sommes vraiment capables d'y parvenir sans que ce soit trop incommode, tant mieux. J'ai pourtant le sentiment qu'une telle entreprise comporterait de nombreuses difficultés. Songez à l'appareillage nécessaire pour pouvoir tout bonnement respirer là-haut !... Notre planète bleue est magnifique et nous lui sommes très attachés. Si par simple négligence nous la détruisions ou lui causions un dommage irrémédiable, nous ne saurions où nous réfugier. Nous devons donc prendre soin de notre environnement, et ce dans notre propre intérêt.

Le simple fait d'élargir notre approche des

choses, notre conscience en général, peut transformer notre vie de tous les jours. Parfois, pour une raison insignifiante, une dispute s'élève entre un mari et sa femme, entre un enfant et ses parents. S'ils ne considèrent alors qu'un aspect de la situation et restent obnubilés par leur vision du problème, peut-être vaut-il la peine de se disputer et de se chamailler. Voire, pourquoi pas, de divorcer ! Pourtant, en prenant un peu de recul, on découvre que, quel que soit le différend en question, il existe aussi un intérêt commun. Les protagonistes ont la possibilité de se dire : « Il s'agit d'un problème mineur, mieux vaut le résoudre par le dialogue plutôt qu'en se bagarrant. » Nous pouvons ainsi instaurer un esprit de non-violence aussi bien dans notre famille que dans la communauté à laquelle nous appartenons.

Autre question à laquelle nous sommes confrontés aujourd'hui, le fossé entre les riches et les pauvres. Ici même, dans ce grand pays, l'Amérique, vos ancêtres ont instauré les concepts de démocratie, de liberté et d'égalité des chances pour chaque citoyen. Ces droits fondamentaux vous sont garantis par votre magnifique Constitution. Mais parallèlement, dans ce même pays, le nombre de milliardaires s'accroît alors que le sort des pauvres ne s'améliore guère — dans certains cas il se détériore. C'est une situation déplorable. Au niveau planétaire, on observe le même phénomène, d'un côté les nations riches, de l'autre les pauvres. Cet état de fait aussi est très déplorable. Il n'est pas seulement moralement injuste, mais constitue une source de malaise et de troubles qui finira tôt ou tard par nous créer de sérieuses difficultés.

Depuis que je suis tout petit, j'entends parler de New York. Je me suis toujours représenté cette ville comme une sorte de paradis. En 1979, lors de ma première visite, un soir, alors que je venais de sombrer dans un agréable sommeil, j'ai été réveillé par un tintamarre : Pin-pon ! pin-pon ! pin-pon ! Des sirènes. J'ai compris que tout n'allait pas pour le mieux et que les incendies — et nombre d'autres problèmes — n'épargnaient nullement New York.

Un de mes frères aînés, aujourd'hui décédé, m'avait raconté sa vie en Amérique. Il habitait un quartier modeste et me disait les inquiétudes, les angoisses, les meurtres, vols ou viols qui assombrissaient le quotidien de ses habitants. Tout cela résulte, à mon sens, des inégalités économiques de la société. Quand certains doivent lutter, jour après jour, pour survivre, tandis que d'autres, nos « égaux », se prélassent dans l'opulence sans avoir rien fait pour, il est inévitable que les problèmes se multiplient. Le résultat de cette situation malsaine, c'est que les riches eux-mêmes, millionnaires ou milliardaires, vivent dans une constante angoisse. C'est pourquoi j'estime tout à fait déplorable l'énorme fossé qui sépare les nantis des déshérités.

Un jour, une riche famille de Bombay m'a rendu visite. La grand-mère, très dévote, souhaitait recevoir une sorte de bénédiction de ma part. Je lui ai répondu : « Je ne peux pas vous bénir. Je n'ai pas ce pouvoir. Et j'ai ajouté : Vous appartenez à une famille aisée et c'est une grande chance. Cette situation est le fruit de vos actes vertueux dans vos vies antérieures. Les riches sont des membres influents de la société. Vous vous servez du système capitaliste pour accumuler des profits de plus en plus importants. Songez aussi à utiliser les méthodes socialistes pour assurer aux pauvres des soins médicaux et une éducation. » Employons les méthodes dynamiques du capitalisme pour gagner de l'argent et le redistribuer ensuite utilement aux autres. D'un point de vue moral et pratique, cette démarche constitue une excellente façon de transformer la société.

En Inde, comme vous le savez, la société est divisée en castes. Les membres des castes inférieures sont désignés sous le terme d'« intouchables ». Lorsque, dans les années cinquante, le regretté Dr Bhimrao Ambedkar, lui-même membre de cette caste, éminent juriste, ministre de la Justice et inspirateur de la Constitution indienne, se convertit au bouddhisme, des centaines de milliers de personnes suivirent son exemple. Aujourd'hui encore les « intouchables » vivent dans un grand dénuement. Je leur dis souvent : « C'est à vous de prendre votre vie en main. À vous d'entreprendre, avec confiance, de changer le cours des choses. Vous ne pouvez pas continuer à penser que les seuls membres des castes supérieures sont responsables de votre situation. »

À ceux d'entre vous qui sont pauvres, qui ont connu une vie difficile, le meilleur conseil que je puisse donner c'est de travailler dur, d'avoir confiance et de mettre à profit toutes les opportunités qui se présentent. Les riches doivent se soucier davantage des pauvres, mais ces derniers doivent faire des efforts et garder espoir.

Il y a quelques années, lors d'une visite à Soweto, en Afrique du Sud, j'ai rencontré une famille de Noirs, très pauvre. Je souhaitais discuter avec eux de leur vie, de leurs moyens de subsistance et de leurs problèmes. L'homme à qui l'on m'a d'abord présenté était professeur. Nous sommes tombés d'accord pour condamner vigoureusement la discrimination raciale. Je lui ai dit que les Noirs ayant désormais les mêmes chances que les Blancs en Afrique du Sud, de nouvelles opportunités s'offraient à lui et qu'il devait les saisir pour s'élever dans l'échelle sociale, grâce à une formation et un travail acharnés. À lui d'instaurer une véritable égalité. Ce professeur m'a répondu avec une grande tristesse qu'il croyait le cerveau des Africains inférieur : « Nous ne faisons pas le poids face aux Blancs », ce sont ses propres termes.

Cette réponse m'a beaucoup choqué et attristé. Si nous nous cantonnons dans ce genre de croyances, il est illusoire d'espérer transformer la société. Nous n'y arriverons jamais ! J'ai contesté son affirmation. Je lui ai répliqué : « Ma propre expérience et celle de mon peuple ne sont pas très éloignées de la vôtre. Si on leur en donne la possibilité, les Tibétains sont capables de construire une communauté humaine formidable. Depuis quarante ans, nombre de mes compatriotes sont exilés en Inde, ce sont les réfugiés qui ont le mieux réussi dans ce pays. Nous sommes égaux ! Tous les êtres humains bénéficient du même potentiel ! Les différences de couleur de peau sont insignifiantes. À cause des discriminations passées, vous n'avez pas bénéficié des opportunités auxquelles vous pouviez prétendre. Néanmoins votre potentiel est identique à celui des Blancs ! »

À la fin, avec des larmes dans les yeux, il a murmuré : « Maintenant, je sais que nous sommes tous semblables. Parce que nous sommes tous des êtres humains, nous avons le même potentiel. »

Mon malaise et ma tristesse se sont aussitôt dissipés, j'ai ressenti un grand soulagement. J'avais le sentiment d'avoir modestement contribué à changer la manière de penser d'un individu, de l'avoir aidé à reprendre confiance en lui, à envisager l'avenir d'un œil neuf.

La confiance en soi est un facteur essentiel. Comment l'acquérir ? D'abord en gardant présent à l'esprit que tous les êtres humains sont égaux entre eux et qu'ils jouissent des mêmes facultés. Si nous sombrons dans le pessimisme, si nous nous persuadons que nous ne réussirons pas, aucune évolution n'est possible. Penser que les autres nous sont supérieurs, que la partie est perdue d'avance, ne peut conduire qu'à l'échec.

La compétition doit s'engager dans le respect des règles et d'autrui, en utilisant des moyens légaux ; telle est la bonne manière de progresser.

Le grand pays dans lequel nous nous trouvons regorge d'opportunités.

Si la confiance en soi est une qualité importante dans la vie, il nous faut cependant distinguer entre sa version négative — arrogance et suffisance — et sa version positive — fierté ou confiance. Cette distinction relève aussi de l'entraînement de l'esprit. Dans ma propre pratique, quand une pensée arrogante m'effleure — « je suis quelqu'un d'exceptionnel » — je me dis : « Il est vrai que je suis un être humain et un moine bouddhiste. À ce titre, j'ai une opportunité exceptionnelle de pratiquer le chemin spirituel menant à la bouddhéité. » Je me compare ensuite au petit insecte qui est devant moi et je pense : « Ce petit insecte est très faible, il est absolument incapable de réfléchir sur des problèmes philosophiques. Il n'a pas la moindre possibilité de progresser vers l'altruisme. Et moi, en dépit de l'opportunité que j'ai, je me comporte de la même manière stupide. » Si je me juge de ce point de vue, l'insecte est sans aucun doute plus honnête et sincère que moi.

Parfois quand je rencontre quelqu'un et que je pense valoir un peu mieux que cette personne, j'essaie de lui trouver une qualité positive. Supposons qu'elle ait de beaux cheveux. Je me dis alors :

« Moi, je suis chauve, donc, de ce point de vue, cette personne me surpasse infiniment ! » On peut toujours trouver chez autrui une qualité inégalable. Cette habitude mentale aide à réfréner notre vanité et notre arrogance.

Il arrive que nous nous sentions désespéré. Quand notre moral est au plus bas, nous nous pensons incapable d'accomplir quoi que ce soit. Dans ce cas, rappelons-nous l'opportunité et le potentiel de réussite qui nous appartiennent.

C'est en reconnaissant la malléabilité de l'esprit que l'on parvient à transformer ses habitudes mentales. Différentes méthodes sont alors possibles : si nous faisons preuve d'arrogance, utilisons la démarche que je viens de décrire. Quand nous sommes submergé par l'accablement ou la dépression, saisissons toutes les occasions d'améliorer notre situation. Cela nous sera d'un grand secours.

Les émotions humaines sont puissantes et il n'est pas rare qu'elles nous débordent, au risque de provoquer des catastrophes. Il existe une autre pratique très importante pour entraîner notre esprit à contenir des émotions fortes avant même qu'elles surgissent. Par exemple, quand nous ressentons de la colère ou de la haine, il nous arrive de penser : « La colère me donne une énergie, une volonté accrues, elle aiguise mes réflexes. » Pourtant en y regardant de plus près, on s'aperçoit que ce surcroît d'énergie, dû aux émotions négatives, est essentiellement aveugle. Nous découvrons, au lieu des progrès escomptés, un cortège de répercussions désagréables. Je doute que l'énergie procurée par les émotions négatives soit véritablement utile. Il vaut mieux d'abord analyser la situation avec soin et ensuite, avec objectivité et clairvoyance, déterminer les mesures à adopter. La conviction que « je dois faire quelque chose » suffit à donner le sens de l'objectif à atteindre. Telle est, je crois, la base d'une utilisation fructueuse, productive et saine de votre énergie.

Si une personne fait preuve d'injustice à notre égard, commençons par examiner la situation. Si nous avons le sentiment de pouvoir supporter cette injustice, que les conséquences fâcheuses qui en découlent sont un moindre mal, alors je pense qu'il est préférable de l'accepter. A contrario, si après mûre réflexion nous arrivons à la conclusion définitive que l'acceptation de cette injustice entraînera des conséquences pires encore, nous devons prendre les mesures appropriées. Mais cette conclusion doit résulter d'une appréciation claire et objective de la situation et non de la colère. Je suis convaincu que la haine et la colère sont plus nuisibles pour nous que pour celui qui s'est montré injuste à notre égard.

Imaginez que votre voisin vous haïsse et vous cause mille et un tracas. Si vous cédez à la colère et éprouvez une haine croissante à son égard votre digestion va en pâtir, vous allez perdre le sommeil. Vous serez obligé de recourir à des tranquillisants et autres somnifères, dont il faudra augmenter les doses, ce qui est nocif pour votre santé. Votre humeur en sera altérée et vos meilleurs amis hésiteront à vous rendre visite. Vous ne compterez plus les cheveux blancs sur votre tête et les rides sur votre visage et, de surcroît, vous risquerez de graves problèmes de santé. Votre voisin aura alors toutes les raisons de pavoiser. Sans vous infliger la moindre blessure corporelle, il sera arrivé à ses fins !

Au contraire, si malgré son harcèlement vous restez calme, heureux et paisible, votre santé n'en pâtira pas, votre bonne humeur non plus et vous vous ferez de nouveaux amis. Votre vie sera encore plus heureuse. C'est alors que votre voisin commencera à se faire du souci. Je pense que c'est le meilleur moyen de lui rendre la monnaie de sa pièce. Et ici, je ne plaisante pas. Je peux faire état d'une longue expérience en la matière [1]. Malgré des circonstances souvent défavorables, je suis d'un naturel plutôt calme, et mon esprit est profondément paisible. Je suis convaincu que cette disposition est très utile. Ne considérez pas la tolérance et la patience comme des signes de faiblesse. Ce sont à mon avis des signes de grande force.

Quand nous sommes confronté à un ennemi, personne ou groupe de gens décidés à nous nuire, pourquoi ne pas envisager cette situation comme un moyen de renforcer notre patience et notre tolérance ? Ces qualités nous sont nécessaires, précisément, lorsque nous sommes mis à l'épreuve par un adversaire. De ce point de vue, tout ennemi devient notre gourou, notre maître. Toujours de ce point de vue et abstraction faite de ses motivations, un ennemi est très utile, c'est une bénédiction.

Ce sont en général les périodes difficiles de la vie qui fournissent les meilleures occasions de faire des expériences utiles et de développer notre force d'âme. En Amérique, les jeunes générations qui jouissent d'un grand confort paraissent souvent démunies devant les problèmes les plus insigni-

1. La parabole du voisin malintentionné renvoie au contentieux qui oppose le Tibet à la Chine. *(N.d.T.)*

fiants. Elles ont tendance à se noyer dans un verre d'eau. Songeons aux épreuves qu'ont dû traverser les Américains ou les Européens des générations précédentes, ou encore à celles qu'ont dû endurer vos ancêtres pour fonder ce pays...

Je trouve aussi qu'il est néfaste pour nos sociétés modernes de rejeter ceux qui ont commis des crimes, les détenus par exemple.

À force de sentir peser sur eux le mépris, ces gens perdent eux-mêmes tout espoir, tout sens de la responsabilité et de la discipline. Il en résulte plus de drames, de souffrance et de détresse pour nous tous. Il me semble important d'envoyer un message clair à ces parias : « Vous appartenez aussi à notre société. Vous avez aussi un avenir. Vous devez, néanmoins, transformer vos erreurs, vos actes négatifs et ne plus les commettre. Vous devez mener une existence de citoyens honnêtes et responsables. »

Je trouve également très triste le rejet qu'ont subi certains malades comme ceux atteints du sida. Quand nous rencontrons des gens qui doivent faire face à une situation particulièrement éprouvante, c'est l'occasion d'exercer notre altruisme, notre dévouement et notre compassion. Je dis souvent aux personnes qui viennent me voir : « Ma compassion n'est qu'un mot vide. Mère Teresa, elle, a véritablement appliqué la compassion ! »

Parfois, nous témoignons de l'indifférence à ceux qui sont accablés par le malheur. Quand je traverse l'Inde en train, je vois des pauvres et des mendiants dans les gares. Les gens les ignorent et, parfois, les rudoient. Ce spectacle m'émeut aux larmes. Que faire ? Quand nous sommes confrontés à une telle détresse, je pense qu'il revient à chacun d'entre nous de trouver l'attitude juste.

Je suis également convaincu qu'il n'est pas bon d'éprouver des attachements trop forts. J'ai souvent le sentiment que mes amis occidentaux exagèrent l'importance de l'attachement. Comme si sans attachement, leur vie risquait de perdre tout son sel. Il faut distinguer entre le désir négatif ou attachement et la positivité de l'amour qui souhaite le bonheur d'autrui. L'attachement est partial. Il nous impose des œillères, nous empêche de juger objectivement une situation, ce qui peut entraîner des complications inutiles. Tout comme la colère et la haine, l'attachement est destructeur. S'efforcer d'atteindre une plus grande sérénité ne signifie pas renoncer à tout sentiment et faire montre d'une totale indifférence. Nous pouvons reconnaître qu'une chose est bonne et une autre mauvaise. Travaillons donc à nous débarrasser du mauvais et à acquérir, à développer le bon.

Il existe une pratique bouddhiste dans laquelle on imagine donner la joie et la source de toute joie aux autres êtres et qu'on les soulage de toutes leurs souffrances. Même si, de toute évidence, nous sommes incapable de modifier leur situation, je crois vraiment que dans certains cas, dans un authentique élan de dévouement et de compassion, de sens du partage, nous pouvons alléger leur fardeau et soulager leurs souffrances, bien que notre démarche reste purement mentale. D'ailleurs, l'objectif essentiel de cette pratique reste de renforcer notre force et notre courage intérieurs.

J'ai choisi quelques vers qui, je pense, seront acceptés par les croyants, toutes religions confondues, ainsi que par les athées. En les lisant, si vous êtes croyant, représentez-vous la forme de divinité que vous honorez. Un chrétien pourra par exemple penser à Jésus ou à Dieu, un musulman à Allah. Ensuite, en récitant ces vers, prenez l'engagement de développer vos valeurs spirituelles. Si vous n'êtes pas croyant, réfléchissez au fait que, fondamentalement, tous les êtres sont semblables à vous, désirent être heureux et vaincre la souffrance comme vous. Dans un même mouvement, exhortez-vous à ouvrir votre cœur. Cela est très important. Dans la mesure où nous appartenons tous à une communauté humaine, il est crucial de faire montre d'un cœur chaleureux et aimant.

Puissent les pauvres trouver la richesse
Et ceux qui sont accablés de tristesse la joie.
Puissent les désespérés retrouver l'espoir
Un bonheur constant et la prospérité.

Puissent les apeurés cesser d'avoir peur
Et les enchaînés retrouver la liberté.
Puissent les faibles obtenir la puissance,
Et leurs cœurs s'unir dans l'amitié.

1

LE DÉSIR D'ÊTRE HEUREUX

J'espère que ce petit livre permettra au lecteur de s'initier aux principes essentiels du bouddhisme et qu'il fera siennes les méthodes que j'y expose. Grâce à ces méthodes, les bouddhistes cultivent la compassion et la sagesse dans leur vie. Ces méthodes, expliquées dans les chapitres suivants, sont empruntées à trois textes sacrés bouddhistes. Les *Étapes de la méditation*, écrites par l'Indien Kamalashila, ont contribué à développer et à clarifier la pratique du bouddhisme au Tibet. Son œuvre contient l'essence du bouddhisme tout entier. Les *Trente-Sept Pratiques des bodhisattvas* de Togmay Sangpo et les *Huit Stances de l'entraînement de l'esprit*, de Langri Tangpa, m'ont également inspiré dans la composition de ce livre.

Je voudrais dès à présent insister sur un point : il n'est nul besoin d'adhérer aux préceptes du bouddhisme pour mettre en œuvre ces techniques de méditation. D'ailleurs, ces techniques, par elles-mêmes, ne conduisent ni à l'Éveil ni à la compassion que j'appelle « cœur ouvert ». Seuls votre motivation et les efforts personnels que vous consacrez à votre pratique spirituelle ont le pouvoir de vous y conduire.

Le but de cette pratique spirituelle est de combler notre désir de bonheur. Tout être humain recherche le bonheur et souhaite vaincre la souffrance ; chacun d'entre nous a le droit de satisfaire cette aspiration.

Mais examinons de plus près ce que signifient « rechercher le bonheur » et « vaincre la souffrance ». Nous faisons tous l'expérience de ce qui est agréable ou désagréable par le biais de nos sens ; nous percevons les goûts, les odeurs, les textures, les sons et les formes qui nous entourent. Mais il y a un autre niveau d'expérience, celui de l'esprit ; le véritable bonheur relève de ce second niveau.

Si nous comparons le bonheur mental au bonheur physique, nous observons que l'expérience mentale de la douleur et du plaisir éclipse la sensation physique. Pour peu que nous soyons déprimés, ou qu'une profonde inquiétude nous mine, le plus magnifique des paysages ne parvient pas à nous faire oublier notre tourment intérieur. En revanche, si nous éprouvons la plénitude du bonheur intérieur, nous faisons face avec facilité aux défis et aux tracas que nous réserve la vie quotidienne.

Si nous analysons notre vécu mental, nous découvrons que nos émotions les plus puissantes, le désir, la haine, la colère ne nous apportent, en règle générale, qu'un bien-être superficiel et de courte durée. Combler un désir peut apporter une satisfaction, mais le plaisir que nous ressentons en achetant une voiture ou une maison neuve, par exemple, reste éphémère. Quand nous lâchons la bride à nos désirs, leur tyrannie et leur fréquence tendent à augmenter. Nous devenons plus exigeants et nous avons de plus en plus de difficultés à les assouvir. Nous sombrons dans une sorte d'insatisfaction chronique, de mal-être perpétuel. Le bouddhisme considère la haine, la colère et le désir comme des émotions négatives parce qu'elles génèrent une souffrance. Le mal-être provient de l'anxiété qui envahit notre esprit quand nous sommes victimes de ce type d'émotions. Notre émotivité entraîne une instabilité permanente de l'esprit, ce qui peut, à haute dose, mettre notre santé en péril.

D'où viennent ces émotions ? Selon la vision

bouddhique du monde, elles ont leurs racines dans des habitudes provenant de nos vies antérieures où nous avons éprouvé et encouragé des émotions similaires. Si nous leur donnons libre cours, elles se renforcent et leur tyrannie s'accroît sans cesse. La pratique spirituelle permet pourtant de les dompter et de les affaiblir. Parvenir au bonheur suprême suppose de les éliminer complètement.

Nous possédons aussi un réseau complexe de réponses mentales stéréotypées, que nous avons soigneusement entretenues et qui sont le fruit d'une réflexion rationnelle ou d'un conditionnement culturel. La morale, le droit ou encore les croyances religieuses sont autant d'exemples de la façon dont le comportement de chacun peut être canalisé dans un cadre donné. Les émotions positives qui résultent du développement de notre nature supérieure paraissent fragiles, mais si nous leur prodiguons des soins constants, elles grandissent et le contentement intérieur qu'elles nous procurent est sans commune mesure avec une existence livrée à la violence de nos émotions.

Discipline éthique et compréhension de la nature du réel

Un examen attentif de nos pensées et émotions les plus impulsives amène à cette constatation : outre le fait qu'elles perturbent notre sérénité, elles trahissent presque toujours des mécanismes de « projection mentale ». Qu'est-ce que cela signifie exactement ? La projection mentale résulte d'une puissante interaction émotionnelle entre nous-même et les objets de notre désir, qu'il s'agisse d'êtres ou de choses. Ainsi, quand nous sommes attiré par un objet, nous avons tendance à exagérer ses qualités et à le considérer comme bon ou désirable à cent pour cent. Ce qui nous rend impatient de posséder cet objet ou cette personne. Nous sommes, par exemple, assez porté à croire qu'un ordinateur récent, fruit des derniers progrès de la technologie, répondra à toutes nos attentes et résoudra tous nos problèmes.

De la même manière, si nous estimons indésirable un objet, nous lui imputons généralement tous les défauts de la terre. Une fois jeté notre dévolu sur un nouvel ordinateur, l'ancien, qui nous a si bien servi pendant tant d'années, nous apparaît subitement poussif, inefficace, périmé ; il s'est transformé en un véritable boulet dont il faut se débarrasser au plus vite ! Ce mécanisme insidieux finit par déformer complètement notre vision des choses mais aussi des êtres. Ne jugeons-nous pas « insupportable » un patron ou un associé au caractère un peu difficile ? Pour ce qui est de nos jugements esthétiques, nous nous montrons tout aussi catégorique sur les formes et couleurs qui n'ont pas l'heur de nous plaire, fussent-elles parfaitement accordées aux goûts de nos semblables.

L'analyse des mécanismes de projection mentale qui entachent nos jugements — positifs ou négatifs — sur les gens, les objets, les situations révèle que des émotions et des pensées plus raisonnées sont toujours plus objectives. Et ce, tout simplement parce qu'un processus de pensée plus rationnel, en général moins influencé par des projections, permet une meilleure appréciation de la réalité de la situation. Je crois, par conséquent, qu'une compréhension correcte de la nature du réel constitue un élément déterminant pour notre quête de bonheur.

Comment appliquer ces principes à notre pratique spirituelle ? En travaillant au développement d'une stricte discipline morale. La morale bouddhiste proscrit de nos agissements dix actes non vertueux. Trois concernent le corps, quatre la parole et les trois derniers l'esprit. Nous nous interdisons les trois actes non vertueux du corps : le meurtre, le vol et le dérèglement sexuel ; les quatre actes non vertueux de la parole : le mensonge, la médisance, l'injure et le bavardage inutile ; et enfin, les trois actes non vertueux de l'esprit : la convoitise, la malveillance et émettre des idées fausses.

Parvenir à une telle maîtrise de soi suppose de comprendre les conséquences de tels actes. Ainsi, en quoi le fait de parler à tort et à travers est-il nuisible ? Quelles sont les conséquences d'une telle attitude ? Parler à tort et à travers mène le plus souvent à dire du mal des autres, représente une perte de temps et nous laisse insatisfait. Rappelons-nous aussi nos réticences quand nous nous trouvons en présence de bavards impénitents : nous nous défions d'eux au point d'hésiter à leur confier nos problèmes ou à leur demander conseil. D'autres conséquences négatives de ce regrettable défaut vous viendront peut-être à l'esprit... Quoi qu'il en soit, une réflexion approfondie vous aidera sûrement à vous abstenir quand vous serez tenté de céder au bavardage. Ce genre de pratique, en apparence simpliste, de la méditation est un des moyens les plus efficaces de créer les changements fondamentaux nécessaires à notre épanouissement.

Les Trois Joyaux du refuge

Dès le commencement de notre chemin bouddhique, nous devons comprendre l'importance du lien entre notre compréhension du réel et notre comportement spirituel. C'est à travers ce lien que nous nous affirmons comme disciples du Bouddha. Un bouddhiste est une personne qui cherche le refuge suprême auprès du Bouddha, dans sa doctrine appelée le dharma et auprès du sangha, la communauté spirituelle dont la pratique s'inspire du dharma. Bouddha, dharma et sangha sont les Trois Joyaux du refuge. Pour trouver refuge dans les Trois Joyaux, il nous faut d'abord prendre conscience de l'insatisfaction que nous procure notre existence actuelle ainsi que sa nature misérable. Une véritable prise de conscience entraîne tout naturellement le désir de transformer notre condition et de mettre fin à nos souffrances. Nous cherchons alors la méthode appropriée, celle qui nous offrira un havre, où nous pourrons poser le fardeau de nos tracas et apaiser nos souffrances. Bouddha, dharma et sangha offrent ce refuge.

Mais avant de chercher un tel refuge, nous devons d'abord approfondir notre compréhension de la nature de la souffrance et de ses causes. Cet examen ne fera qu'augmenter notre désir de nous en préserver. Une telle démarche — avec l'effort qu'elle suppose dans l'étude et la contemplation — doit également développer notre admiration pour les qualités du Bouddha. Elle nous conduit aussi à mesurer l'importance de la méthode, le dharma qui a permis au Bouddha d'acquérir ces qualités. Elle nous inspire du respect pour le sangha, la communauté des pratiquants spirituels engagés dans l'application des préceptes du dharma. Chaque contemplation renforce notre respect pour ce refuge ainsi que notre détermination à observer une discipline spirituelle journalière.

Quand nous nous réfugions dans la doctrine du Bouddha, deuxième des Trois Joyaux, nous le faisons autant dans la perspective de nous libérer de la souffrance que pour le chemin lui-même. Ici, but et chemin ne font qu'un. La mise en pratique spirituelle de la doctrine est le dharma mais ce terme s'applique aussi à la libération de la souffrance qui résulte de notre application de la doctrine du Bouddha.

Plus notre compréhension et notre foi dans le dharma grandissent, plus nous honorons le sangha, l'ensemble des êtres passés et présents qui ont atteint l'état de libération de la souffrance. Nous sommes alors capable d'imaginer un être complètement libéré des aspects négatifs de l'esprit : un bouddha. Plus nous prenons conscience de la nature misérable de l'existence plus notre estime du Bouddha, du dharma et du sangha — les Trois Joyaux dans lesquels nous trouvons refuge — s'accroît. Nous recherchons plus intensément leur protection.

Quand nous commençons à avancer sur le chemin bouddhique, notre compréhension de cette protection reste purement intellectuelle. Cela est particulièrement vrai pour ceux qui n'ont pas été élevés dans la foi. D'autres traditions spirituelles possèdent en effet des équivalents des Trois Joyaux, ce qui explique qu'il est souvent plus aisé pour ceux qui ont reçu une éducation religieuse de comprendre leur valeur.

Quitter le cycle des existences

Quand enfin nous admettons la condition malheureuse qui est la nôtre, la souffrance omniprésente mentale et physique que produisent les émotions afflictives comme la colère et l'attachement, nous développons un sentiment de dégoût et de frustration. Ce dernier nous incite à nous libérer de notre état d'esprit présent et du cycle immuable du malheur et de la déception. La compassion apparaît au moment précis où nous nous tournons vers les autres et formons le vœu de les libérer de leur détresse. Pourtant, ce vœu de soulager nos semblables suppose que nous ayons reconnu notre propre état de souffrance et résolu de nous en libérer nous-même. Pour éprouver la compassion véritable, nous devons au préalable en finir avec le cycle immuable des existences.

Mais avant de nous extirper de ce cercle vicieux, il nous faut d'abord reconnaître que nous sommes mortel.

Nous portons en nous le germe de notre propre mort. Depuis que nous sommes né, chaque jour nous rapproche inexorablement de la fin. Nous devons également tenir compte du fait que nous ignorons quand elle se produira : la mort n'attend pas que nous ayons mis nos affaires en ordre, elle frappe sans prévenir. Le jour de notre mort, nos amis, nos proches, nos biens méticuleusement accumulés durant toute la vie perdent brusquement leur valeur. Même notre précieux corps, le véhicule qui nous a accompagné durant notre passage sur cette planète, ne nous est plus d'aucune utilité. De telles pensées nous aident à prendre une certaine distance avec les soucis qui pèsent sur notre vie quotidienne. Elles nous aident aussi à poser un regard compatissant sur les difficultés qu'éprouvent les humains à se détacher de leurs préoccupations égoïstes.

Il est tout aussi crucial que nous prenions conscience de la valeur inestimable de l'existence humaine, des opportunités, des possibilités que notre brève vie terrestre nous prodigue. Ce pouvoir de changer leur vie est exclusivement réservé aux êtres humains. Quels que soient leurs nombreux et utiles talents, les animaux n'en disposent pas. Leur intelligence limitée leur interdit de faire le choix conscient de la vertu et de s'engager dans la voie du changement spirituel.

De telles pensées doivent nous inciter à poursuivre notre existence d'une manière plus réfléchie.

Amis spirituels — Conduite spirituelle

Outre la pratique de la méditation, il est important de mener notre existence en personne responsable. Nous devons éviter les influences néfastes, celles des faux amis qui nous égarent. Il n'est pas toujours facile de porter un jugement sur autrui, mais nous sommes tout à fait capable de distinguer ceux qui suivent un chemin tortueux. Une personne gentille et douce se laissera plus facilement entraîner sur une mauvaise pente par des fréquentations douteuses. Soyons donc attentif afin d'éviter les influences négatives et choisissons des amis loyaux qui nous aideront à donner un sens et un but spirituels à notre vie.

Tout comme celui de nos amis, le choix de notre maître spirituel est de la plus haute importance. Il est capital que celui dont nous allons recevoir l'enseignement soit qualifié. Quand nous souhaitons étudier un sujet, quel qu'il soit, nous cherchons un professeur compétent. Un professeur de physique, si brillant soit-il, fera peut-être un piètre philosophe. Celui qui choisit de nous transmettre sa sagesse doit avoir les qualifications nécessaires pour enseigner ce que nous cherchons à apprendre. La célébrité, la richesse et le pouvoir ne font pas partie des qualifications requises. Nous devons avant tout nous assurer que notre guide possède un savoir spirituel, une connaissance approfondie de la doctrine qu'il, ou elle, transmet ainsi qu'un savoir pragmatique, découlant d'une pratique et d'une discipline de vie.

J'insiste sur le fait qu'il est de notre seule responsabilité de savoir si la personne auprès de laquelle nous allons apprendre a bien les compétences requises. Ne nous en remettons pas aux autres, aux « on-dit », si bien intentionnés soient-ils. Une évaluation rigoureuse des qualifications de notre maître potentiel suppose une bonne connaissance des principes du bouddhisme et de la manière dont il doit être enseigné. Écoutons parler cette personne et observons son comportement en toute objectivité. C'est la seule façon de décider si elle est apte à nous guider sur notre chemin spirituel.

Il paraît qu'il faut observer un maître pendant douze ans avant de déterminer s'il est réellement qualifié pour nous instruire. Si cet adage est juste je ne pense pas qu'il s'agisse d'une perte de temps. Au contraire : plus nous voyons clairement les qualités de notre maître, plus nous l'estimons. Les conséquences d'une adhésion insuffisamment réfléchie aux préceptes d'un guide spirituel incompétent peuvent être désastreuses. Prenez donc le temps d'examiner vos maîtres potentiels, qu'ils soient bouddhistes ou d'une autre confession.

2

LA MÉDITATION, UN COMMENCEMENT

Nous allons maintenant explorer les techniques qui permettent de changer nos habitudes mentales pour en forger de plus vertueuses. Dans notre pratique, il y a deux méthodes de méditation. La première, la méditation analytique, permet de nous familiariser avec de nouvelles idées et attitudes mentales. La seconde, la méditation contemplative, concentre l'esprit sur un objet particulier.

Certes, nous aspirons tous au bonheur et souhaitons surmonter notre détresse ; nous continuons néanmoins à subir la douleur et la souffrance. Pourquoi ? Le bouddhisme nous enseigne que l'homme crée et alimente sa propre souffrance et répugne souvent à chercher les moyens de se construire un bonheur stable. Comment expliquer cela ? Dans notre vie de tous les jours, nous nous laissons gouverner par des pensées et des émotions puissantes, responsables d'états d'esprit négatifs. Un tel cercle vicieux ne perpétue pas seulement notre malheur mais aussi celui de nos semblables. Il est donc nécessaire de prendre le contre-pied de telles tendances pour les remplacer par de nouvelles habitudes. Comme la branche récemment greffée au pied d'un vieil arbre finit par drainer toute la sève de celui-ci pour former un nouveau tronc, renforçons nos nouvelles inclinations en nous adonnant avec régularité à des pratiques vertueuses. Tels sont la véritable signification et le but de la pratique de la méditation.

Contempler la nature malheureuse de l'existence, examiner les méthodes dans lesquelles nous pouvons mettre fin à notre souffrance sont déjà des formes de méditation. Ce livre, lui aussi, en est une. Le processus par lequel nous modifions notre attitude la plus spontanée devant la vie — ne chercher qu'à satisfaire ses désirs en évitant toute frustration —, voilà ce que signifie pour nous le terme de « méditation ». Nous avons tendance à céder aux diktats d'une structure mentale égocentrique. À l'inverse, par la méditation, nous reprenons le contrôle de notre esprit et lui faisons prendre une direction plus vertueuse. La méditation diminue la force de nos vieilles habitudes de pensée et en développe de nouvelles. Elle nous empêche de commettre des actes, d'exprimer des paroles ou des idées susceptibles d'engendrer de nouvelles souffrances. Il est recommandé de faire un usage immodéré de cette forme de méditation dans notre pratique spirituelle.

Cette technique n'est pas en elle-même bouddhique. De même que les musiciens doivent exercer leurs doigts, les athlètes leurs réflexes et leurs techniques, les linguistes leur oreille et les érudits leur intelligence, nous devons entraîner notre esprit et notre cœur.

Nous familiariser avec les différents aspects de notre pratique spirituelle constitue déjà une forme de méditation en soi. Vous ne tirerez pas un grand bénéfice de la lecture d'ouvrages sur le sujet. Si la démarche que j'expose vous intéresse, vous pourrez méditer sur l'un ou l'autre des sujets abordés, comme nous l'avons fait dans le chapitre précédent à propos du bavardage futile pour ensuite les soumettre à un examen approfondi. C'est ainsi que vous progresserez dans votre compréhension. Plus vous prendrez le temps d'examiner minutieusement un sujet, plus vous l'appréhenderez véritablement et deviendrez capable d'apprécier les arguments exposés. Si votre analyse vous amène à réfuter certains d'entre eux, alors, rejetez-les. En revanche, si vous vérifiez par vous-même la véracité de ce qui est dit, alors votre foi dans cette vérité sera solidement ancrée. Tout ce processus de recherche et d'examen doit être considéré comme une forme de méditation.

Le Bouddha en personne a dit : « Ô moines et sages, n'acceptez pas seulement mes paroles par dévotion pour moi. Soumettez-les à une analyse critique et que votre intelligence personnelle décide de leur propre justesse. » Cette pensée remarquable recèle de multiples implications. Le Bouddha nous dit clairement que, lorsque nous lisons un texte, nous ne devons pas nous en remettre à la célébrité de l'auteur, mais plutôt à son contenu. Il nous invite à nous concentrer sur le sujet lui-même et la façon dont il est traité en laissant de côté les considérations stylistiques. Il ajoute qu'au-delà d'une connaissance purement intellectuelle mieux vaut nous fier à notre compréhension empirique de la question. En d'autres termes, nous ne devons pas nous contenter d'une connaissance purement scolaire du dharma, mais intégrer les vérités de l'enseignement du Bouddha au plus profond de notre être, afin qu'elles se reflètent dans notre vie. La compassion n'a guère de valeur si elle en reste au stade d'idée. Elle doit façonner notre attitude envers notre prochain, se traduire dans tous nos actes et toutes nos pensées. On peut très bien comprendre abstraitement la nécessité de se montrer humble et néanmoins demeurer arrogant. L'humilité doit pourtant devenir la règle de notre comportement.

Se familiariser avec un objet choisi

Le mot tibétain *Gom*, traduit en français par « méditation », signifie « se familiariser ». Lorsque nous recourons à la méditation dans notre chemin spirituel, c'est pour nous familiariser avec un objet que nous choisissons. Il n'est pas nécessaire que cet objet soit une chose physique — comme une image du Bouddha ou de Jésus sur la Croix. L'objet choisi peut être une qualité morale comme la patience, que nous travaillons à développer en nous par la méditation contemplative. Ce peut être aussi le rythme de notre respiration sur lequel nous nous concentrons pour apaiser l'inquiétude de notre esprit. Ou encore la clarté et l'étendue de notre conscience dont nous cherchons à comprendre l'essence. Ces techniques, grâce auxquelles nous approfondirons notre connaissance d'un objet déterminé, sont décrites en détail dans les pages suivantes.

Prenons un exemple. Nous nous proposons d'acheter une voiture. Après avoir examiné et comparé les offres des différentes marques, nous portons notre choix sur celle qui, à nos yeux, présente le plus de qualités. Notre intérêt pour cette voiture va en augmentant, tout comme notre désir de l'acquérir. Nous pouvons cultiver des vertus comme la patience et la tolérance en utilisant une méthode similaire. Considérons donc attentivement les qualités constitutives de la patience — la sérénité qu'elle nous inspire, l'harmonie qui en résulte dans nos rapports à autrui, le respect qu'elle impose à notre entourage. Travaillons par la même occasion à identifier les inconvénients de notre impatience — la colère et la frustration qui l'accompagnent, la peur, les réactions d'hostilité qu'elle suscite autour de nous. Au fil de ces réflexions, notre patience se développe naturellement, se renforce jour après jour, mois après mois, année après année. Devenir maître de son esprit demande du temps. Pourtant, quand nous parvenons à une authentique patience, la joie qu'elle nous procure dépasse de loin la satisfaction de posséder — fût-ce une magnifique voiture.

À nous de pratiquer véritablement et le plus souvent possible ce type de méditation dans notre vie de tous les jours. Nous sommes plus doués, semble-t-il, pour nous familiariser avec nos tendances non vertueuses ! Quand une personne nous a déplu, nous nous y entendons à énumérer ses fautes et à nous persuader de son caractère peu aimable. En se fixant sur « l'objet » de sa méditation, notre esprit cède à un mépris croissant envers le fautif présumé. À l'inverse, nous pouvons choisir de contempler, jusqu'à ce qu'elle devienne familière, l'image mentale de quelqu'un ou de quelque chose que nous apprécions particulièrement. Dans ce cas, nous n'avons guère besoin d'aiguillon pour maintenir notre concentration. La focalisation sur la vertu demande plus d'efforts, preuve irréfutable de la tyrannie impitoyable qu'exercent sur nous désir et attachement !

Il existe différentes sortes de méditations. Certaines d'entre elles ne requièrent ni posture physique ni cadre particulier. On peut méditer en conduisant ou en marchant, à bord d'un bus ou d'un train ou même en prenant sa douche. Si vous souhaitez consacrer un moment de la journée à une séance de méditation formelle, choisissez le matin, c'est le moment où l'esprit est le plus vif et le plus clair. Préférez un endroit calme, asseyez-vous le dos droit, cela vous aidera à rester concentré. Mais souvenez-vous aussi qu'il est important de cultiver des habitudes mentales vertueuses dès que vous en avez la possibilité et en quelque lieu que ce soit. Ne limitez pas votre pratique de la méditation aux séances exclusivement réservées à celle-ci.

La méditation analytique

Comme je l'ai dit, deux types de méditations vont nous permettre de contempler et d'intérioriser les sujets dont il est question dans ce livre. D'abord, la méditation analytique. C'est par une analyse rationnelle que se développe la familiarité avec un objet déterminé : une voiture, la compassion, la patience — dans tous ces cas la démarche est la même. Il ne s'agit pas tant de se concentrer sur un objet que de cultiver un sens de la proximité ou de l'empathie avec ce dernier en y appliquant rigoureusement nos facultés critiques. C'est sur cette forme de méditation que j'insisterai en explorant les différents thèmes qui alimenteront notre pratique spirituelle. Certains d'entre eux sont spécifiques à une pratique bouddhique, d'autres non. Une remarque utile : quand vous serez familiarisé avec un thème donné grâce à la méditation analytique, concentrez-vous sur lui par la méditation contemplative afin de vous en imprégner encore plus profondément.

La méditation contemplative

Cette seconde forme de méditation consiste à focaliser l'esprit sur un objet déterminé sans l'analyser ni réfléchir. En méditant sur la compassion, par exemple, nous développons de l'empathie pour autrui et nous efforçons de reconnaître les souffrances de notre prochain. C'est ce que nous faisons quand nous utilisons la méditation analytique. Dans un deuxième temps, une fois le sentiment de compassion ancré au fond de notre cœur, quand la méditation a positivement changé notre attitude envers nos semblables, restons fixé sur ce sentiment en nous abstenant de toute pensée. Notre compassion y gagnera en profondeur. Quand nous sentons la compassion s'affaiblir, revenons à la méditation analytique pour conforter notre sympathie et notre intérêt pour autrui, avant de revenir à la méditation contemplative.

Dès que nous commençons à bien maîtriser ces deux formes de méditations, passons de l'une à l'autre à volonté, pour intensifier la qualité désirée. Au chapitre 11, « La permanence du calme », nous examinerons la technique qui permet de développer la méditation contemplative jusqu'à ce que nous puissions rester concentré sur notre objet de méditation aussi longtemps que nous le souhaitons. Comme je l'ai précisé, cet « objet de méditation » n'est pas forcément quelque chose de « visible », mais notre esprit doit fusionner avec lui, jusqu'à ce qu'il nous devienne familier. La méditation contemplative, comme les autres formes de méditations, n'est pas vertueuse par nature. C'est plutôt l'objet de notre concentration et la motivation qui inspire notre pratique qui déterminent la qualité spirituelle de notre méditation. Si notre esprit est focalisé sur la compassion, la méditation est vertueuse. S'il se fixe sur la colère, elle ne l'est pas.

Nous devons méditer de manière systématique, pour cultiver une familiarité croissante avec un objet. Étudier et écouter des enseignants qualifiés constitue aussi un aspect important de cette pratique. Il nous faut ensuite contempler ce que nous avons lu ou entendu et le soumettre à un examen attentif afin de dissiper d'éventuelles zones d'ombre, malentendus et doutes. Ces étapes préparent l'esprit à une fusion adéquate avec l'objet sur lequel la méditation va se polariser.

Il est important, avant d'essayer de méditer sur les aspects plus subtils de la philosophie bouddhiste, d'être capable de maintenir notre esprit concentré sur des sujets relativement simples. Cet exercice nous aidera par la suite à développer notre capacité d'analyse et de concentration sur des thèmes plus difficiles comme l'antidote de toutes nos souffrances ou le vide inhérent à toute existence.

Notre voyage spirituel est long. Nous devons choisir avec soin notre chemin, en nous assurant qu'il englobe les méthodes qui nous permettront d'atteindre notre but. Parfois, ce chemin est abrupt. Il nous faut apprendre à ralentir le pas, à avancer au rythme de l'escargot, celui de la méditation profonde, sans oublier les problèmes de nos semblables ni ceux des poissons qui vivent dans des océans pollués à des milliers de kilomètres d'ici.

3

LE MONDE MATÉRIEL ET IMMATÉRIEL

Dans les deux premiers chapitres, nous avons discuté de la nature de la pratique spirituelle bouddhique et du travail à effectuer pour changer nos vieilles habitudes mentales et en forger de nouvelles qui soient vertueuses. Notre outil principal est la méditation, une démarche qui nous familiarise avec les vertus susceptibles de nous apporter le bonheur auquel nous aspirons. La méditation nous permet de mettre en application ces vertus et de prendre clairement conscience des vérités profondes que la vie quotidienne occulte. Nous allons maintenant examiner comment la réalisation de ces états mentaux s'apparente à la production des objets dans le monde matériel.

Dans le monde physique qui est le nôtre, toute chose naît du jeu combiné des causes et des conditions. Pour que la plante grandissc, il faut ccrtcs une graine mais aussi de l'eau, du soleil et une terre fertile. Sans la combinaison de ces éléments, la semence ne germera pas et n'enfoncera pas ses racines dans le sol. De la même manière, les phénomènes cessent d'exister quand les conditions de leur disparition sont réunies. Si la matière pouvait exister sans cause, de deux choses l'une : soit tout ce qui est perdurerait éternellement dans un état constant, les phénomènes n'ayant plus besoin de causes et de conditions, soit rien n'existerait faute de cause productrice. Autrement dit, soit la plante existerait sans semence préalable, ou bien elle n'aurait aucun moyen de naître. Ces considérations démontrent le caractère universel du principe de causalité.

Le bouddhisme distingue deux types de causes, les causes principales et les causes secondaires. Pour reprendre la métaphore ci-dessus, la cause principale est la semence qui, avec le concours de conditions déterminées, engendre un effet, la plante, laquelle n'est en fait que son prolongement naturel. Les conditions qui permettent à la semence de germer — eau, soleil, terre et engrais — sont les causes ou conditions secondaires. Tout ce qui est résulte donc d'une somme de causes et de conditions. Cette interdépendance des phénomènes ne doit rien à la force des actions humaines ni aux extraordinaires qualités d'un bouddha. Elle relève simplement de l'ordre des choses.

Les bouddhistes considèrent que les phénomènes immatériels se comportent à peu près comme les choses matérielles. Cependant, d'un point de vue bouddhiste, notre capacité de percevoir les phénomènes matériels ne peut fournir l'unique base de notre connaissance du monde. Prenons comme exemple de phénomène immatériel le concept de temps. Le temps est concomitant [1] du monde physique, mais il ne peut être considéré comme existant matériellement. Autre exemple de phénomène immatériel, la conscience avec laquelle nous percevons les phénomènes et faisons l'expérience de la peine et du plaisir.

Nos états d'esprit, indépendants du monde matériel, sont également le fruit de causes et de conditions, tout comme les phénomènes matériels. C'est pourquoi il est si important de bien cerner le mécanisme de la causalité. La cause principale de notre état d'esprit actuel se trouve dans l'état d'esprit précédent. Ainsi, chaque moment de conscience fait fonction de cause principale de celui qui suit.

1. Qui accompagne, qui se produit en même temps. *(N.d.T.)*

Les stimuli sensoriels, formes visibles, souvenirs, etc., sont les conditions secondaires qui donnent à notre état d'esprit présent sa tonalité. Au point qu'en contrôlant les conditions nous transformerons le produit, en l'occurrence notre esprit. Tel devrait être le véritable but de la méditation : appliquer à l'esprit des conditions permettant d'obtenir l'effet désiré, à savoir un esprit plus vertueux.

Fondamentalement cela fonctionne de deux façons : 1. Un stimulus ou une condition secondaire négative nous plonge dans un état d'esprit de même nature. On peut observer cette dynamique quand nous nous méfions d'une personne et réalisons que le simple fait d'y penser alimente des sentiments et des pensées tristes. 2. À l'inverse, nous pouvons cultiver un état d'esprit contrastant avec l'état d'esprit antérieur, la confiance en nous-même par exemple, pour contrer une tendance dépressive ou un sentiment d'échec. En cultivant ces différentes dispositions mentales, nous découvrons peu à peu comment transformer en profondeur notre état d'esprit et renforcer notre développement spirituel.

Comme nous l'avons vu dans le chapitre précédent, la méditation analytique vise à développer des pensées capables de renforcer les états d'esprit positifs et de réduire, voire de supprimer, l'influence des états négatifs. Elle utilise positivement le mécanisme de causalité.

Les véritables changements spirituels, j'en suis profondément convaincu, ne découlent pas simplement de la prière ou de l'espoir que tous les aspects négatifs de l'esprit disparaîtront pour être remplacés par des qualités positives. Seul un effort concerté, fondé sur une connaissance du fonctionnement de l'esprit et des interactions de ses divers états émotionnels et psychiques, permet un véritable progrès spirituel. Si nous souhaitons atténuer l'influence des émotions négatives, nous devons d'abord chercher à comprendre et à supprimer leurs causes. Parallèlement, nous devons renforcer les facultés mentales capables de contrecarrer ces états, leurs « antidotes », en quelque sorte. C'est en procédant ainsi qu'un méditant parvient progressivement aux transformations spirituelles recherchées.

Mais comment entreprendre cette tâche ? D'abord en identifiant les travers qui font obstacle à la vertu que nous recherchons. Dans le cas de l'humilité, il s'agit de l'orgueil ou de la vanité. Dans celui de la générosité, l'obstacle est, bien entendu, l'avarice. Une fois ces travers identifiés, il s'agit de réduire et si possible d'annihiler leur influence. En nous concentrant sur eux, soufflons aussi sur les braises des vertus que nous souhaitons exalter. Lorsque nous sentons que nous allons agir de façon mesquine, faisons un gros effort sur nous-même pour être généreux. Quand l'impatience nous gagne, faisons l'impossible pour être patient.

L'observation des effets de ces exercices mentaux sur nos états psychologiques nous fait progresser dans le contrôle de nos réactions. Il est nécessaire par exemple d'apprendre à repérer l'apparition d'un état d'esprit négatif pour pouvoir adopter la riposte adéquate. Quand nous sentons notre esprit dériver vers des pensées coléreuses concernant une personne que nous n'apprécions pas, ressaisissons-nous aussitôt. Changeons d'état d'esprit en changeant de sujet. Il est difficile de retenir sa colère une fois celle-ci éveillée, sauf si nous avons exercé notre esprit à se rappeler les effets négatifs qu'elle entraîne. Il est donc essentiel de commencer notre entraînement à la patience dans le calme et non au beau milieu d'un accès de colère. La colère nous fait perdre notre sérénité, notre capacité à nous concentrer sur notre travail et nous rend désagréable pour notre entourage. C'est en réfléchissant longuement et résolument à tout cela que nous apprenons finalement à réfréner nos tendances colériques.

Un célèbre ermite tibétain limitait sa pratique de la méditation à l'observation de son esprit. Il avait l'habitude, quand une pensée non vertueuse le traversait, de tracer une croix noire sur le mur de sa cellule. Au début, les murs étaient couverts de croix noires. Mais, à mesure qu'il devenait plus vigilant, ses pensées se faisaient plus vertueuses, des croix blanches remplaçaient peu à peu les noires. Appliquons la même vigilance dans notre vie quotidienne !

4

LE KARMA

Notre but ultime en tant que pratiquant du bouddhisme est d'atteindre l'état d'éveil complet et l'omniscience d'un bouddha. Le véhicule nécessaire à cette entreprise est un corps humain doté d'un esprit sain.

La plupart d'entre nous, hommes ou femmes, considèrent comme un « dû » la bonne santé relative dont ils jouissent. Dans les textes sacrés bouddhistes, à l'inverse, la vie est présentée comme un trésor, un bien d'une valeur inestimable. Elle est le fruit d'une immense accumulation de vertus acquises à travers d'innombrables vies successives. Chaque être humain déploie de grands efforts pour parvenir à cette santé du corps. Pourquoi lui attribuer une telle valeur ? Parce qu'elle nous offre la meilleure opportunité de croissance spirituelle : la poursuite de notre propre bonheur et de celui des autres êtres sensibles. Les animaux n'ont pas la possibilité de poursuivre volontairement la vertu comme les hommes. Ils sont victimes de leur ignorance. Nous devons donc apprécier à sa juste valeur le corps humain, ce précieux véhicule, et faire tout ce qui est en notre pouvoir pour renaître sous forme d'êtres humains, dans une prochaine vie. Tout en poursuivant nos efforts pour atteindre l'éveil intégral, il nous faut admettre que le chemin qui mène à la bouddhéité est long et qu'il réclame quelques efforts préparatoires.

Comme nous l'avons vu précédemment, pour renaître sous forme d'être humain et continuer ainsi notre pratique spirituelle, nous devons respecter certaines règles morales. Il nous incombe donc, selon les prescriptions du Bouddha, d'éviter de commettre l'un des dix actes non vertueux. La souffrance engendrée par chacun de ces dix actes se situe à plusieurs niveaux. Pour renforcer notre décision de suivre la juste voie, nous devons comprendre le fonctionnement de la loi de causalité ou karma.

Karma, qui signifie « action », désigne non seulement l'acte que nous commettons mais également les conséquences qu'il engendre. Quand nous parlons du karma de tuer, l'acte en lui-même consiste à ôter la vie d'un être vivant. Mais ses nombreuses implications, les souffrances qu'il cause à la victime, à ses proches et à ceux qui dépendent d'elle font également partie du karma du meurtre. Lequel n'est pas sans conséquences sur le meurtrier lui-même, lesquelles ne se bornent pas à sa vie présente. En fait, les conséquences d'un acte non vertueux s'aggravent avec le temps, de sorte que l'absence de remords d'un meurtrier impitoyable est le lointain écho du mépris manifesté auparavant, dans une vie antérieure, pour l'existence de créatures apparemment sans importance, mammifères ou insectes par exemple.

Il est peu probable qu'un meurtrier soit réincarné sous forme d'être humain. Le meurtre a des répercussions plus ou moins graves selon les circonstances dans lesquelles il a été perpétré. Un meurtrier qui prend plaisir à commettre son crime connaîtra sans doute de grandes souffrances dans une vie future ; celle-ci ressemblera beaucoup à un enfer. Un meurtre commis en situation de légitime défense entraînera des souffrances plus légères dans une autre incarnation. Des actes non vertueux de moindre importance peuvent conduire à renaître sous la forme d'un animal — créature étrangère à toute possibilité de progrès mental ou spirituel.

Pour celui qui renaît sous forme d'être humain, les conséquences des différents actes non vertueux commis dans une vie antérieure déterminent les circonstances de la vie présente. Celui qui a commis un assassinat dans une autre vie se verra octroyer une vie terrestre de courte durée et sera affligé de nombreuses maladies. Il aura tendance à commettre de nouveaux crimes, alourdissant d'autant le fardeau de ses souffrances dans ses vies futures. De même, celui qui vole renaîtra dans l'indigence et sera à son tour volé. Il risque aussi de recommencer à voler dans d'autres vies. Celui qui succombe au dérèglement sexuel, notamment à l'adultère, sera trompé dans ses vies futures. Il sera en butte à l'infidélité et à la trahison. Voilà certaines conséquences des trois actes non vertueux commis avec notre corps.

Passons aux quatre actes de parole non vertueux : le mensonge conduit à renaître dans une vie où nous risquons à nouveau de mentir et de médire. Celui qui a menti sera lui-même berné et s'exposera à ne pas être cru quand bien même il dira la vérité. Celui qui médit sera condamné à la solitude, exposé aux malentendus et aux disputes. Ceux qui font preuve d'une sévérité excessive en seront à leur tour victimes et céderont facilement à la colère. Le bavard impénitent ne sera pas écouté et sera atteint d'une incontrôlable logorrhée.

Quelles sont les conséquences karmiques des trois actes non vertueux de l'esprit ? De toutes nos tendances non vertueuses, ce sont les plus familières. La cupidité engendrera une frustration perpétuelle. La malveillance nous rendra craintif et nous conduira à blesser autrui. Celui qui persévère dans des opinions qui s'opposent à la vérité fera preuve d'incapacité chronique à comprendre et à accepter la vérité et se cramponnera à ses erreurs.

Comme le montrent ces quelques exemples, notre vie présente résulte de notre karma, donc de nos actions passées. C'est aujourd'hui, par nos actes présents, que nous forgeons le karma qui décidera de notre situation future. Les conditions dans lesquelles nous renaîtrons, les opportunités que nous aurons ou n'aurons pas pour améliorer notre vie dépendront de notre karma dans cette vie-ci, autrement dit de notre conduite. Si notre situation actuelle est déterminée par notre comportement passé, nous restons néanmoins responsable de nos actes. Nous avons la capacité et la responsabilité de les conformer aux principes d'un chemin vertueux.

Quand nous évaluons un acte particulier afin dc

déterminer s'il est moral ou spirituel, notre critère doit être celui de la qualité de notre motivation. Si quelqu'un prend délibérément la résolution de s'abstenir de voler, mais que cette décision est uniquement motivée par la peur de se faire prendre et d'être puni par la loi, elle n'est pas à proprement parler morale, car ce ne sont pas des considérations morales qui ont dicté son choix.

Dans d'autres circonstances, la résolution de ne pas voler peut résulter de la peur de l'opinion d'autrui : « Que vont penser mes amis et mes voisins ? Si je commets une mauvaise action, ils me mépriseront, je deviendrai un paria. » Bien que la décision de ne pas voler soit positive, elle n'est pas en elle-même un acte moral.

Cependant, une résolution identique peut découler des arguments suivants : « Si je vole, j'agis contre la loi divine » ; ou encore : « Voler n'est pas vertueux, un tel acte causera des souffrances à autrui. » Lorsque de telles considérations motivent nos actes, nos décisions sont morales ou éthiques, elles sont aussi spirituelles. Dans la pratique bouddhique, si vous vous abstenez d'un acte non vertueux parce que celui-ci contrecarrerait votre volonté de transcender la souffrance, vous accomplissez un acte moral.

On a coutume de dire que seul un esprit omniscient peut connaître les conséquences du karma dans ses multiples ramifications. La mécanique complexe du karma échappe à notre perception ordinaire. Vivre selon les préceptes karmiques du Bouddha Sakyamuni suppose d'avoir foi dans ses enseignements. Quand il déclare qu'un meurtre commis dans cette vie a pour conséquence d'abréger notre vie future ou que le vol entraîne la pauvreté, il n'existe aucun moyen de démontrer cette affirmation. Il ne faut pas pour autant l'accepter les yeux fermés. Nous devons d'abord établir la validité de notre objet de foi : le Bouddha et sa doctrine, le dharma. Nous devons aussi soumettre ses enseignements à un examen rigoureux. Si, après avoir réfléchi à ces raisonnements du dharma, lesquels obéissent à une logique assez simple — je songe notamment aux enseignements du Bouddha sur l'impermanence et la vacuité que nous explorerons en détail dans le chapitre 13, « La sagesse » —, nous les jugeons corrects, sans doute serons-nous plus porté à adhérer aux enseignements moins évidents, tels ceux sur le fonctionnement du karma. Quand nous recherchons un conseil, nous nous adressons généralement à une personne que nous jugeons digne de nous donner le conseil demandé.

Plus nous jugeons cette personne avisée, plus nous prenons ses conseils au sérieux. Le développement de ce que j'appelle une « foi raisonnée » dans les conseils du Bouddha ressemble beaucoup à cette confiance.

Je crois qu'il faut aussi un minimum d'expérience, de pratique pour sentir naître en soi une foi véritable, profonde. Il existe d'ailleurs deux types d'expériences : celles réalisées par des êtres d'une sainteté accomplie, aux vertus apparemment inatteignables, et puis les terrestres qui sont notre lot à tous et que nous pouvons parachever par une pratique quotidienne. Nous pouvons ainsi parvenir à une certaine reconnaissance de l'impermanence, la nature transitoire de la vie. Nous pouvons prendre conscience du caractère destructeur des émotions afflictives. Nous pouvons montrer une compassion accrue envers les autres, un peu plus de patience aussi quand nous devons attendre notre tour devant un guichet.

Ces expériences tangibles nous procurent un sentiment de plénitude et de joie qui renforce notre foi dans la démarche qui les a inspirées. Notre confiance en notre maître, cette personne qui nous guide tout au long de ces expériences, grandit aussi, tout comme notre confiance dans la doctrine qu'il suit. À partir d'expériences aussi tangibles, nous prenons conscience qu'une pratique persévérante pourrait sans doute nous mener à des accomplissements plus extraordinaires encore, ceux qu'ont immortalisés les saints de toutes les grandes traditions.

Une telle foi raisonnée, découlant d'une pratique spirituelle, nous aide aussi à renforcer notre confiance dans l'enseignement du Bouddha sur le fonctionnement du karma. Ce dernier, à son tour, nous donne la détermination nécessaire pour nous refuser aux actes non vertueux qui ne feraient qu'aggraver notre mal-être. Il est par conséquent utile pour notre méditation, même après ce rapide coup d'œil sur le sujet que nous venons d'étudier, de consacrer un moment à reconnaître que cette connaissance est le fruit de notre pratique. Une telle prise de conscience doit être considérée comme faisant partie de la méditation. Elle nous aide à consolider l'ancrage de notre foi dans les Trois Joyaux du refuge — Bouddha, dharma et sangha — et nous aide à persévérer dans notre pratique. Elle nous donne le cœur de poursuivre notre chemin.

5

LES AFFLICTIONS

J'ai évoqué les émotions afflictives et leurs répercussions négatives sur notre pratique spirituelle. S'il est naturel pour nous d'éprouver des émotions comme le désir et la colère, cela ne signifie pas que nous devions nous y soumettre passivement. La psychologie occidentale, j'en suis bien conscient, encourage souvent l'extériorisation des sentiments et des émotions. Beaucoup de gens ont fait des expériences traumatisantes dans le passé et le refoulement de ces émotions peut avoir des conséquences psychologiques néfastes et durables. Dans de tels cas, comme nous disons, au Tibet : « Quand la corne est bouchée, le meilleur moyen de la déboucher est de souffler dedans ! »

Cela dit, je suis convaincu de l'importance, pour les personnes qui ont choisi le chemin de la spiritualité, de comprendre la nécessité d'endiguer des émotions fortes telles que la colère, l'attachement et la jalousie et de renforcer leur maîtrise de soi. Au lieu de lâcher la bride à nos émotions fortes, travaillons à minimiser les remous affectifs qui nous agitent. Et posons-nous la question : sommes-nous plus heureux en colère ou calme ? La réponse s'impose d'elle-même. Comme nous l'avons montré plus haut, la perturbation mentale qu'engendrent les émotions afflictives met en péril notre équilibre intérieur et nous plonge dans le désarroi. Le but premier de notre quête du bonheur doit être de combattre ce type d'émotions. Nous pouvons y parvenir en faisant volontairement un effort soutenu sur une longue période —, pour nous autres bouddhistes cela signifie une succession de nombreuses vies.

Les afflictions mentales ne disparaissent pas spontanément, elles ne s'évanouiront pas davantage avec le temps. Leur suppression ne peut être que le fruit d'un effort conscient qui consiste à les affaiblir progressivement jusqu'à leur élimination totale.

Si nous voulons réussir, nous devons savoir comment engager la lutte. La pratique du dharma du Bouddha commence par la lecture et l'écoute de maîtres expérimentés. C'est ainsi que nous parvenons à nous faire une image plus exacte de notre situation difficile à l'intérieur du cercle vicieux des vies successives et que nous nous familiarisons avec les différentes méthodes permettant de le transcender. Une telle étude conduit à ce qu'on appelle la « compréhension acquise par l'écoute ». C'est un fondement essentiel de notre évolution spirituelle. Il nous appartient ensuite de transformer l'information ainsi assimilée en une profonde conviction. C'est l'étape de la « compréhension acquise par la contemplation ». Une fois consolidées nos certitudes sur le sujet choisi, nous méditons jusqu'à ce que notre esprit soit complètement imprégné de ces certitudes. Ce qui conduit au savoir empirique dénommé « compréhension acquise par la méditation ».

Ces trois niveaux de compréhension sont essentiels pour réaliser de véritables changements dans notre vie. Grâce aux progrès de notre compréhension acquise par l'étude, notre conviction devient plus profonde et nous fait accéder à une plus haute réalisation dans la méditation. Si la compréhension acquise par l'étude et la contemplation est insuffisante, malgré la fréquence très élevée de nos méditations, nous rencontrerons des difficultés pour nous familiariser plus avant avec le sujet de notre méditation, qu'il s'agisse de la nature sournoise de nos afflictions ou du caractère subtil de notre vacuité. Cela reviendrait à se trouver dans l'obligation de rencontrer quelqu'un que nous ne souhaitons pas rencontrer. Il est donc important de mettre en œuvre ces trois étapes de la pratique l'une après l'autre.

Notre environnement a lui aussi une grande influence sur nous. Nous avons besoin d'un cadre paisible pour la pratique spirituelle. Et, plus important encore, de solitude. Je veux dire par là que notre esprit doit être dégagé de toute distraction. Il ne suffit donc pas de passer du temps seul dans un lieu calme.

Notre ennemi le plus destructeur

Notre pratique du dharma se ramène à un effort continuel pour atteindre un état qui se situe au-delà de la souffrance. Il ne s'agit donc pas d'une simple activité morale dans laquelle nous essayons autant quc possible d'éviter les comportements négatifs pour leur substituer des attitudes positives. Dans notre pratique du dharma, nous cherchons à transcender la situation de détresse dans laquelle nous

nous trouvons tous, sans exception, victimes de nos propres afflictions mentales. Ces afflictions, attachement, haine, orgueil, cupidité, etc., ruinent notre sérénité et nous inspirent des attitudes, des comportements qui nous rendent malheureux et nous font souffrir. Dans notre effort pour atteindre la paix et le bonheur, il nous sera salutaire de les considérer comme nos démons intérieurs. Car, tels des démons, elles nous hantent et nous tourmentent sans relâche. L'état qui transcende de telles émotions et pensées négatives, par-delà tout chagrin, est appelé *nirvana*.

Au début, il nous sera impossible d'affronter d'emblée ces puissantes forces négatives. Nous devons les approcher petit à petit en commençant par adopter une discipline de vie quotidienne qui nous permette d'endiguer ces émotions et ces pensées. Pour un bouddhiste, cette discipline suppose de bannir une fois pour toutes les dix actes non vertueux. Ces actions, dans lesquelles nous engageons notre corps en tuant et en volant, notre parole en mentant et en parlant à tort et à travers, notre esprit en enviant nos semblables, découlent toutes d'afflictions mentales profondes comme la colère, la haine ou l'attachement.

Nous réalisons alors que les émotions extrêmes

comme l'attachement — et particulièrement la colère et la haine — sont très destructrices quand elles nous envahissent ; elles le sont tout autant lorsqu'elles submergent autrui. On pourrait être tenté de dire que ces émotions sont les véritables forces destructrices de l'univers et que la plupart de nos problèmes et de nos souffrances, qui sont pour l'essentiel notre fait, sont engendrés par les émotions négatives. Et donc que toute souffrance est au fond le fruit des émotions négatives comme l'attachement, la cupidité, la jalousie, l'orgueil, la colère et la haine.

Si nous ne sommes pas capables d'extirper, dès le début de notre quête spirituelle, ces émotions négatives, nous pouvons en tout cas résister à leur influence. À partir de ce moment, nos efforts méditatifs tendront à contrecarrer les afflictions de l'esprit et à approfondir notre compassion. Pour accomplir la dernière étape de notre voyage, nous devons avoir éradiqué toutes nos afflictions. Ce qui suppose de faire l'expérience du vide.

6

LE VASTE ET LE PROFOND : DEUX ASPECTS DU CHEMIN

Notre chemin spirituel à l'intérieur du bouddhisme comporte deux aspects reflétant deux types de pratiques distinctes. Si le Bouddha les a enseignées toutes deux, elles ont été transmises de siècle en siècle, de maître à disciple, par le truchement de deux lignées différentes. Mais, comme les deux ailes d'un oiseau, elles sont aussi nécessaires l'une que l'autre dans notre voyage vers l'Éveil, qu'il s'agisse de nous délivrer de toute souffrance ou d'atteindre l'éveil suprême de la bouddhéité pour le profit de tous les êtres sensibles.

Jusqu'à présent, je me suis concentré sur la description du « vaste ». Cette pratique, souvent désignée sous l'expression « aspects de la méthode », vise principalement à l'ouverture du cœur, au développement de la compassion, de l'amour et des autres qualités, telles la générosité et la patience, que recèle un cœur aimant. La première phase de notre éducation cherchait à renforcer ces qualités vertueuses tout en atténuant nos tendances non vertueuses.

Que signifie ouvrir son cœur ? Précisons d'abord que le terme « cœur » est ici employé dans un sens métaphorique. Dans la plupart des cultures, le cœur désigne la source de la compassion, l'amour, la sympathie, la droiture et l'intuition plutôt que le muscle chargé de réguler la circulation sanguine. Dans la vision bouddhique du monde, les deux aspects du chemin se situent dans l'esprit. Non sans ironie, pour le bouddhisme, l'esprit se trouve au milieu de la poitrine. Un cœur ouvert est donc un esprit ouvert. Changer le cœur, c'est changer l'esprit. Pourtant, notre conception du cœur fournit un outil précieux, quoique provisoire, pour essayer de comprendre la différence entre les deux aspects du chemin, le « vaste » et le « profond ».

Commençons par le second aspect, celui de la « sagesse », autrement dit, le « profond ». Nous sommes ici au royaume de l'intellect, dont les notions cardinales sont la compréhension, l'analyse et la perception critique. Dans l'aspect « sagesse » du chemin, nous travaillons à approfondir notre intelligence de l'impermanence, de la nature douloureuse de l'existence et notre altruisme véritable.

Bien comprendre chacune de ces notions peut demander plusieurs vies. Pourtant, c'est en reconnaissant l'essence périssable des êtres et des choses que nous serons capable de nous libérer de notre avidité à les posséder, tout comme nous nous libérerons de la notion de permanence. Si nous ne parvenons pas à comprendre le caractère fondamentalement douloureux de l'existence, notre attachement à la vie ne peut aller qu'en s'accroissant. Pour surmonter cet attachement, nous devons cultiver sans relâche notre pénétration de la misère inhérente à notre condition.

En fin de compte, toutes nos difficultés dérivent d'une illusion première. Nous croyons à la réalité de notre existence comme de tous les phénomènes en général. Nous projetons une idée de la nature intrinsèque des choses, en fait complètement étrangère aux phénomènes, et nous nous y cramponnons. Prenons l'exemple d'une simple chaise. Nous croyons, sans en être toujours bien conscient, qu'il y a une essence de la chaise, indépendante de ses parties — les pieds, le dossier et l'assise. De la même façon, chacun de nous croit à l'existence d'un moi essentiel et permanent présent dans chacun des organes et des facultés qui nous constituent. Mais cette « essence » n'est qu'une extrapolation de notre part, sans aucune réalité.

Ce concept d'essence inhérente est une perception fondamentalement erronée que nous devons éliminer par les pratiques méditatives qu'enseigne le chemin de la sagesse. Pourquoi ? Parce que ce concept est la cause première de notre malheur. Elle forme le noyau dur de toutes nos émotions afflictives.

Pour renoncer à cette illusion qu'il existe une essence propre à chaque être, il nous faut découvrir son antidote direct, à savoir la sagesse qui consiste à considérer cette essence comme un mirage. Une fois encore, c'est pour extirper notre orgueil que nous cultivons cette sagesse profonde, tout comme nous cultivons l'humilité. En premier lieu, nous devons prendre conscience de la perception erronée que nous avons de nous-même, ainsi que des autres phénomènes, pour ensuite y remédier. Cette perception sera d'abord purement intellectuelle comme l'est la compréhension que procurent l'étude et l'écoute d'un enseignement. L'approfondissement de cette compréhension requiert des pratiques de méditation plus soutenues ; celles-ci sont décrites aux chapitres 11 (« La permanence du calme »), 12 (« Les neuf étapes de la méditation de la permanence du calme ») et 13 (« La sagesse »). Ces pratiques sont nécessaires à la transformation véritable de notre vision de nous-même et du monde. En comprenant directement l'absence d'essence inhérente, nous supprimons la base même de la perception du moi qui se trouve à l'origine de toutes nos souffrances.

La culture de la sagesse vise à mettre l'esprit en harmonie avec la vraie nature des choses. Elle permet d'éradiquer progressivement les perceptions incorrectes de la réalité qui nous accompagnent depuis toujours. Cette démarche n'est pas facile. Comprendre la simple notion d'existence inhérente ou essentielle des phénomènes exige un long travail d'étude et de contemplation. Reconnaître que les choses sont dépourvues d'existence inhérente suppose des années d'études approfondies et de méditation. Nous devons commencer par nous familiariser avec ces notions, que nous explorerons plus avant dans les chapitres suivants. Pour l'instant, retournons à ce que j'appelais au début de ce chapitre « l'aspect de la méthode » : le moment est venu de mieux cerner la notion de compassion.

7

LA COMPASSION

Former le vœu que tous nos semblables soient délivrés de la souffrance, telle est la compassion. Elle permet de progresser vers l'Éveil auquel nous aspirons et nous pousse à nous engager dans les pratiques vertueuses menant à la bouddhéité. Nous devons donc nous consacrer à fortifier notre aptitude à compatir.

L'empathie

La première étape vers la compassion consiste à développer notre empathie, notre intimité avec les autres. Nous devons aussi reconnaître la gravité de leurs souffrances. Plus nous sommes proche d'une personne, moins nous tolérons de la voir souffrir. L'intimité dont je parle n'est pas d'ordre physique, ni nécessairement émotionnel. Elle s'apparente plutôt à un sentiment de responsabilité, d'intérêt envers autrui. Pour développer une telle intimité nous devons réfléchir sur la nécessité de chérir le bien-être d'autrui ; nous découvrons alors que cette disposition apporte bonheur intérieur et paix de l'esprit. Une telle attitude envers autrui nous assure l'amour et le respect de nos semblables. Examinons les inconvénients de l'égoïsme, responsable de nos attitudes non vertueuses, et reconnaissons que notre bonheur présent n'est possible, bien souvent, qu'au détriment de ceux qui sont moins favorisés par le sort.

Il est d'autre part important que nous réfléchissions à la bonté que nous témoignent nos semblables. Cette prise de conscience est également le fruit d'un approfondissement de notre empathie. Nous devons reconnaître ce que notre bonheur doit à la contribution et aux efforts de nos semblables. Si nous jetons un rapide coup d'œil autour de nous, nous constatons que les immeubles où nous vivons et travaillons, les routes que nous empruntons, les vêtements que nous portons, les aliments que nous mangeons, tout cela nous est procuré par le dur travail d'autrui. Nous ne pourrions jouir de tous ces bienfaits sans la bonté de tant d'inconnus. Cette prise de conscience renforce notre estime pour nos semblables ainsi que notre empathie et notre intimité avec eux.

Nous devons travailler à reconnaître notre dépendance à l'égard de ceux pour qui nous ressentons de la compassion. Cet effort les rend plus proches, mais requiert une attention soutenue et nous oblige à enlever nos œillères, celles-là mêmes qui alimentent notre égoïsme. En admettant l'énorme répercussion que le labeur de nos semblables a sur notre bien-être, nous sommes déjà en mesure de refuser une idée égocentrique du monde ; dès lors, nous sommes prêts à la remplacer par une vision de l'existence qui intègre l'ensemble des êtres vivants.

Mais n'escomptons pas que, soudainement, notre vision d'autrui change.

Reconnaître la souffrance d'autrui

Il est — après l'empathie et le développement de l'intimité — une autre pratique importante dans notre culture de la compassion. Elle consiste à reconnaître la nature de la souffrance. Notre compassion pour toutes les créatures sensibles est issue de notre reconnaissance de leur souffrance. La contemplation de la souffrance a une caractéristique bien particulière : elle gagne en puissance et en efficacité si nous nous concentrons sur notre propre souffrance pour ensuite étendre cette reconnaissance à la souffrance d'autrui. La compassion envers nos semblables croît avec notre perception de leur souffrance.

Nous sympathisons tous spontanément avec un être qui endure une douleur manifeste — qu'il souffre d'une maladie grave ou qu'il ait perdu un être cher. Le bouddhisme a une expression pour ce type de souffrance : la souffrance de la souffrance [1].

Il est plus difficile d'éprouver de la compassion pour quelqu'un qui fait l'expérience de ce que les bouddhistes appellent la souffrance du changement, laquelle désigne souvent une expérience agréable, comme la célébrité ou la richesse. Il s'agit là d'une seconde espèce de souffrance. Face à une personne ayant brillamment réussi, nous ressentons souvent de l'admiration ou de l'envie, au lieu d'éprouver de la compassion, alors que nous connaissons le caractère éphémère de ce succès et les cruelles désillusions que réserve souvent l'avenir. Si nous connais-

1. Rappelons qu'étymologiquement compatir signifie « souffrir avec ». *(N.d.T.)*

sions vraiment la nature de la souffrance, nous réaliserions le caractère éphémère de la célébrité ou de la richesse et des joies qu'elles procurent, et celui, inéluctable, de la souffrance qui leur succédera.

Il existe enfin un troisième niveau d'affliction, plus profond et aussi plus subtil. Nous en faisons constamment l'expérience, parce que ce type de souffrance est un corollaire du cycle des existences. La nature cyclique de l'existence nous condamne à subir l'emprise perpétuelle d'émotions et de pensées négatives. Aussi longtemps qu'elles nous gouvernent, notre existence entière est placée sous le signe de l'affliction. Ce niveau de souffrance domine notre vie et nous ballotte dans un cercle vicieux d'émotions négatives et d'actions non vertueuses. Cependant cette forme de souffrance est difficile à reconnaître. Ce n'est pas un état évident de détresse comme dans la souffrance de la souffrance. Ni le contraire du bonheur et du bien-être comme nous l'éprouvons dans la souffrance du changement. Cette souffrance envahissante est néanmoins très profonde. Elle infiltre tous les aspects de la vie.

Une fois parvenu, dans notre expérience personnelle, à une connaissance profonde des trois niveaux de souffrance, il devient aisé de nous concentrer sur autrui en nous interrogeant sur ces trois niveaux. C'est alors que nous pouvons former le vœu que les autres se libèrent de toute souffrance.

Dès que nous sommes capable de combiner empathie pour les êtres humains et compréhension profonde de la souffrance qu'ils éprouvent, nous sommes alors tout aussi capable d'une authentique compassion envers eux. À condition toutefois d'y travailler sans relâche. Cette démarche est comparable à celle qui consiste à allumer un feu en frottant deux bouts de bois l'un contre l'autre. Pour que le bois s'enflamme, la température doit rejoindre peu à peu le point de fusion grâce à une friction continue. Pour accroître nos qualités morales telles que la compassion, nous devons procéder de la même façon — nous devons appliquer avec constance les techniques mentales requises pour obtenir l'effet désiré. En la matière, il est indispensable de ne rien laisser au hasard.

L'amour bienveillant

Tout comme la compassion est le souhait que tous les êtres sensibles soient délivrés de la souffrance, de la même manière l'amour bienveillant est le vœu que tous soient heureux. Encore une fois, pour cultiver l'amour bienveillant, nous choisirons un individu spécifique comme point focal de notre méditation, avant d'ouvrir progressivement le faisceau de notre bienveillance, pour y inclure finalement toutes les créatures douées de sensation. Comme précédemment, notre premier objet de méditation est une personne neutre, quelqu'un qui ne nous inspire pas de sentiments forts. Nous étendons ensuite cette méditation à nos amis, aux membres de notre famille et, finalement, à nos ennemis.

Pour pouvoir éprouver une compassion et une bienveillance véritables envers autrui, nous devons choisir une personne réelle comme sujet de méditation et accroître notre compassion et notre amour bienveillant à l'égard de cette personne avant de l'étendre à d'autres. Nous travaillons sur une personne à la fois ; sinon, notre compassion risque de se diluer dans un sentiment trop général et notre méditation y perdra en concentration et en force. D'où le risque, en intégrant des individus spécifiques que nous n'apprécions guère dans notre méditation, de les rejeter en pensant : « Oh ! lui, c'est une exception. »

8

MÉDITER SUR LA COMPASSION

La compassion et le vide

La compassion que nous devons acquérir découle de notre compréhension du vide, l'essence ultime de la réalité. C'est ici que le vaste rencontre le profond. L'essence ultime du réel, comme je l'ai expliqué dans le chapitre 6 (« Le vaste et le profond »), est l'absence d'existence inhérente dans tous les aspects de la réalité, l'absence d'identité intrinsèque dans tous les phénomènes. Nous attribuons cette existence inhérente à notre esprit et à notre corps, avant de l'objectiver sous forme d'ego ou de « moi ». Ce fort sentiment du « moi », nous l'étendons ensuite à tous les phénomènes. Nous faisons la même chose lorsque nous projetons l'idée de « voiture en soi » quand nous voulons acquérir une nouvelle voiture. C'est un exemple de réification. Réifier signifie attribuer une réalité illusoire à l'objet [1]. Une telle attitude engendre l'avidité et cette dernière explique à son tour la colère ou la frustration que nous éprouvons pour peu que l'objet de notre désir, voiture, nouvel ordinateur, etc., nous soit refusé.

Quand la compassion s'allie à la compréhension que nos souffrances découlent d'une méconnaissance de la nature du réel, nous avons atteint la dernière étape de notre quête spirituelle. En admettant que le fondement de notre détresse réside dans cette mauvaise perception — la poursuite illusoire d'un « moi » inexistant —, nous comprenons que la souffrance peut être éliminée. Une fois réfutée cette vision fausse de la réalité, nous sommes capable de surmonter la souffrance une fois pour toutes.

Sachant que la souffrance des êtres est évitable, qu'elle est surmontable, notre sympathie pour leur incapacité à se libérer renforce encore notre compassion. Sans cette certitude, notre compassion, aussi forte soit-elle, risquerait d'être teintée d'impuissance voire de désespoir.

---

1. Transformer en chose ce qui n'en a pas la nature (Littré). *(N.d.T.)*

Comment méditer sur la compassion et l'amour bienveillant

Si nous souhaitons véritablement accroître notre compassion, nos séances de méditation formelle ne suffisent pas ; nous devons lui consacrer plus de temps. Un tel but mérite que l'on s'y consacre de tout son cœur. Si nous trouvons un moment, chaque jour, pour nous asseoir et nous livrer à la contemplation, c'est très bien. Comme je l'ai indiqué, le petit matin se prête particulièrement à cet exercice, car notre esprit est plus clair. Mais ce créneau quotidien ne suffit pas. Durant ces séances, travaillons, par exemple, à développer l'empathie et l'intimité avec autrui, réfléchissons sur le sort difficile et misérable de nos semblables. Lorsque nous sentons un authentique sentiment de compassion grandir en nous, contentons-nous de nous y maintenir, d'en faire simplement l'expérience en utilisant la méditation contemplative que j'ai décrite, sans avoir recours ni à la pensée ni à la raison. Laissons la compassion nous imprégner. Puis, quand notre sentiment commence à faiblir, recourons à la raison pour stimuler à nouveau notre compassion. L'application successive de ces deux méthodes de méditation évoque le travail du potier qui humidifie la terre puis la façonne avant de l'humidifier de nouveau et ainsi de suite...

Il vaut généralement mieux ne pas consacrer, au départ, trop de temps aux séances de méditation formelle. De toute façon, notre compassion pour le genre humain ne naîtra pas du jour au lendemain. Ni en un mois ni même dans l'année. Si nous parvenons à amoindrir notre égoïsme et à développer tant soit peu un intérêt pour notre prochain avant de mourir, alors nous aurons fait bon usage de notre vie. Si en revanche nous nous évertuons à atteindre la bouddhéité en un temps record, nous aurons vite fait de nous lasser. Prenons garde que la simple vue de l'endroit où nous nous asseyons pour notre méditation matinale ne stimule une certaine résistance à la méditation...

Une grande compassion

Il est dit qu'on peut atteindre l'état suprême de bouddhéité en une vie. Mais cette possibilité ne concerne que les disciples exceptionnels qui ont consacré de nombreuses vies antérieures à se préparer à cette opportunité. Nous ne pouvons qu'éprouver de l'admiration pour de tels êtres et leur exemple doit nous servir à accroître notre persévérance, et non à alimenter une quelconque exaltation. Le juste chemin se situe à égale distance de la léthargie et du fanatisme.

Il est essentiel de veiller à ce que nos méditations influencent et, si possible, gouvernent nos actions dans la vie quotidienne. Notre existence tout entière doit contribuer au développement de notre compassion. Il n'est guère difficile de nourrir de la sympathie pour un enfant hospitalisé ou une personne que nous connaissons, même de loin, et qui pleure la mort de son conjoint. Mais nous devons aussi nous demander comment garder notre cœur ouvert à ceux que nous serions enclin à envier, qui jouissent de conditions de vie idylliques et semblent cumuler tous les bonheurs. Grâce à une meilleure connaissance de l'essence de la souffrance, acquise durant nos méditations, nous sommes dorénavant capable de considérer ces personnes avec compassion. En fin de compte, nous devrions parvenir à forger un rapport de ce type avec tous les êtres, sachant que leur situation est étroitement liée au cercle vicieux des existences. Les interactions avec autrui deviennent alors des catalyseurs qui nous incitent à approfondir notre compassion. C'est ainsi que nous gardons notre cœur ouvert dans la vie quotidienne, en dehors de nos séances formelles de méditation.

La véritable compassion recèle l'intensité et la spontanéité de l'amour d'une mère qui soigne son enfant malade. Il n'est pas un instant où l'inquiétude de cette mère pour son petit n'affecte la moindre de ses pensées, le moindre de ses actes. C'est cette attitude que nous devons développer envers tous les êtres. Quand nous y parvenons, nous avons engendré la « grande compassion ».

Le cœur empli de compassion, d'amour bienveillant et de pensées altruistes, nous sommes prêt à prodiguer nos efforts pour libérer tous les êtres de la souffrance qu'ils endurent dans le cyle des existences — le cercle vicieux de la naissance, de la mort et de la renaissance dont nous sommes tous prisonniers. Notre souffrance ne se limite pas à notre situation présente. Selon la doctrine bouddhiste, notre situation actuelle, en tant qu'être humain, est relativement confortable. Néanmoins, de graves déboires nous attendent dans l'avenir si nous négligeons de cultiver la compassion. Grâce à celle-ci, nous surmonterons nos pensées égoïstes, nous découvrirons de grandes joies et nous résisterons à la tentation de rechercher exclusivement notre propre bonheur et notre propre salut.

Efforçons-nous sans cesse de développer et de perfectionner vertu et sagesse. Si nous atteignons ce niveau dit de la « grande compassion », il n'est pas exclu que nous réunissions, au bout du compte, toutes les conditions nécessaires pour atteindre l'Éveil. C'est donc dès le début de notre pratique spirituelle que nous devons cultiver la compassion.

Jusqu'à présent, nous avons discuté des pratiques qui nous empêchent d'adopter un comportement non vertueux. Nous avons étudié le fonctionnement de l'esprit et le type de travail à effectuer, similaire à celui d'un artisan, afin d'atteindre le but que nous nous sommes fixé. Le processus par lequel on ouvre son cœur n'est guère différent. Il n'existe pas de méthode secrète pour faire naître compassion et amour bienveillant. Nous devons façonner notre esprit avec adresse, patience et persévérance, jusqu'à ce que notre intérêt pour le bien-être d'autrui s'éveille.

9

CULTIVER LA SÉRÉNITÉ

Pour éprouver une compassion véritable envers tous les êtres vivants, mieux vaut commencer par se débarrasser de toute partialité. Notre regard sur autrui est en général gouverné par des émotions inconstantes et injustes. Nous éprouvons un sentiment d'intimité envers ceux que nous aimons ; avec de vagues relations ou des étrangers, nous sommes plus distant ; lorsque nous percevons une hostilité ou une menace chez quelqu'un, nous ressentons de l'aversion ou du mépris. Le critère au moyen duquel nous distinguons nos amis de nos ennemis nous semble pourtant simple : si une personne est proche de nous, s'est montrée gentille avec nous, il ou elle est notre ami(e). Pour peu qu'un être nous ait causé des problèmes ou nous ait nui, nous l'étiquetons comme ennemi. À l'amour que nous éprouvons pour ccux quc nous aimons se mêlent des émotions comme l'attachement et le désir qui donnent un caractère passionnel à ce lien. De même, ceux que nous n'apprécions pas nous inspirent des émotions négatives comme la colère ou la haine. C'est pourquoi notre compassion envers nos semblables est limitée, partiale et conditionnée par notre degré d'intimité avec eux.

Pour être authentique, la compassion doit être inconditionnelle. Nous devons cultiver la sérénité afin de dépasser toute discrimination ou partialité. Et le meilleur moyen de la cultiver est de ne pas perdre de vue la fragilité de l'amitié : rien ne nous assure que celui qui, aujourd'hui, est notre meilleur ami le restera toujours. Et, inversement, notre antipathie pour tel ou tel n'a rien d'inéluctable. De telles réflexions nous aident à prendre conscience de notre grande partialité et ébranlent notre foi en l'immuabilité de nos attachements.

Nous pouvons aussi réfléchir sur les conséquences négatives de nos attachements pour nos amis et de l'hostilité que nous éprouvons pour nos ennemis. Nos sentiments d'amitié ou d'amour ne nous masquent-ils pas certains travers de l'être aimé ? Nous avons tendance à le considérer comme absolument désirable, absolument infaillible. Pure projection. Un jour, ce tableau idéal se lézarde et nous voilà abasourdi. Nous passons alors d'un amour ou d'un désir extrême à la déception, au dégoût, à la colère. Le sentiment de plénitude intérieure qui nous comble dans une relation avec une personne que nous aimons peut basculer dans la déception, la frustration et la haine. Si attirantes que puissent paraître les émotions fortes, bien que nous sachions qu'elles sont compulsives, les joies qu'elles procurent restent par définition éphémères. D'un point de vue bouddhiste, il faut éviter autant que possible de tomber sous l'emprise de telles émotions.

Si nous nous laissons submerger par une intense antipathie, quelles en seront les répercussions ? Le mot tibétain employé pour désigner la haine, *she-dang*, évoque une hostilité provenant du fond du cœur. Il est assez irrationnel de riposter à l'injustice ou au mal par l'hostilité : notre haine n'a aucun effet physique sur nos ennemis, elle ne les blesse pas. Quand la coupe est pleine, c'est plutôt nous qui pâtissons des conséquences pernicieuses de l'amertume ; elle nous ronge de l'intérieur. La colère nous fait perdre l'appétit. Le sommeil nous fuit et nous passons des nuits entières à nous retourner sans cesse. Bref, la haine nous affecte profondément, alors que nos ennemis continuent à vaquer paisiblement à leurs occupations, sans soupçonner la peine que nous nous infligeons à nous-même.

C'est en nous libérant de la haine et de la colère que nous pouvons riposter de manière beaucoup plus efficace aux mauvaises actions dirigées contre nous. Si nous gardons la tête froide, nous serons capable d'apprécier plus clairement les problèmes et de dégager les solutions appropriées. Supposons qu'un enfant fasse quelque chose de dangereux pour lui ou son entourage — qu'il joue avec des allumettes par exemple. Si nous nous comportons de la bonne manière, sans nous laisser aller à la colère, nos réprimandes ont de bien meilleures chances d'être entendues. L'enfant ne réagira pas à notre colère mais à l'inquiétude et à l'intérêt que nous lui portons.

C'est ainsi que nous commençons à réaliser que le véritable ennemi se trouve en nous. Les grands fauteurs de trouble sont notre égoïsme, notre attachement et notre colère. La capacité de notre ennemi à nous faire du mal est en fait très limitée. Si une personne nous offense et que nous trouvons la force de résister à la tentation de lui rendre la pareille, il y a de grandes chances pour que, quels que soient les actes commis par cette personne, ils ne nous atteignent pas. D'autre part, quand des émotions puissantes, colère extrême, haine ou désir surgissent, elles créent aussitôt une agitation qui obscurcit notre esprit. Elles minent notre paix intérieure et ouvrent une brèche par laquelle mal-être et souffrance s'engouffrent, compromettant les acquis de notre pratique spirituelle.

En travaillant à développer notre sérénité, nous nous apercevons que les notions mêmes d'« ennemi » et d'« ami » sont interchangeables et dépendent de nombreux facteurs. Personne n'est, une fois pour toutes, notre ennemi ou notre ami et rien ne nous garantit que nos plus proches amis le resteront toujours. Les mots « ami » et « ennemi » désignent la manière dont les « autres » nous appréhendent et nous traitent. Ceux dont nous pensons qu'ils ont de l'affection pour nous, qu'ils nous aiment et se soucient de nous, nous les considérons généralement comme des amis et des proches. Ceux que nous soupçonnons d'intentions malveillantes à notre égard sont nos ennemis. Cette distinction est donc fondée sur notre perception des pensées et des émotions que nos semblables nourrissent à notre égard. Nul n'est donc *essentiellement* notre ami ou notre ennemi.

Nous avons tendance à confondre les actes d'une

personne avec la personne elle-même. Cette habitude nous pousse à croire qu'une action ou un jugement suffit à faire de quelqu'un notre ennemi. Mais les êtres sont neutres. Il n'y a pas d'ami ou d'ennemi, pas plus bouddhiste que chrétien, chinois que tibétain. À la faveur d'un renversement de situation, la personne que nous abhorrons pourrait devenir notre meilleur ami. Penser « Tu t'es montré méchant / malintentionné / malfaisant avec moi dans le passé, mais nous sommes désormais d'excellents amis » n'est pas inconcevable.

Un autre moyen de cultiver la sérénité et de dépasser les sentiments de partialité et de discrimination consiste à réfléchir sur le fait que nous sommes égaux dans notre aspiration au bonheur et notre aversion pour la souffrance. De plus, nous savons tous que nous pouvons prétendre à satisfaire cette aspiration. Comment se justifie cette revendication ? Très simplement. Elle fait partie de notre nature fondamentale. Je ne suis pas unique, je ne détiens aucun privilège particulier. Vous n'êtes pas unique, vous ne jouissez pas davantage de privilèges particuliers. Mon aspiration à être heureux et à vaincre la souffrance relève de ma nature fondamentale comme de la vôtre. Et si ce principe est vrai alors, exactement comme pour nous, tous nos semblables ont le droit d'être heureux et de vaincre la souffrance, simplement parce qu'ils partagent avec nous cette nature fondamentale. C'est sur la base de cette égalité que nous développons notre sérénité. Dans notre méditation, nous devons travailler à cultiver une attitude qui peut se résumer ainsi : « Je partage avec tous mes semblables le désir d'être heureux et de vaincre la souffrance, ainsi que le droit naturel à satisfaire cette aspiration. » Nous devrions répéter cette pensée pendant que nous méditons et dans toutes les circonstances de notre vie quotidienne jusqu'à ce que nous en soyons totalement imprégné.

Une dernière considération, maintenant. En tant qu'être humain, notre bien-être dépend, pour une grande part, de celui d'autrui, et notre survie n'est possible que grâce à la contribution d'un grand nombre de personnes. Dès notre naissance et pour de nombreuses années, nous dépendons des soins et de l'affection de nos parents. Moyens d'existence, logement, alimentation et même succès, réputation, sont le fruit des efforts directs ou indirects d'innombrables êtres humains. En conséquence, nous leur devons notre survie mais aussi notre bonheur.

Si nous prolongeons ce raisonnement au-delà de

notre vie présente, nous pouvons imaginer que dans toutes nos vies antérieures, c'est-à-dire depuis des temps immémoriaux, une infinité d'êtres ont apporté une multitude de contributions à notre bien-être. La conclusion s'impose elle-même. Sur quoi m'appuierais-je pour opérer une distinction entre ces êtres ? Comment pourrais-je me sentir proche de certains et hostile à d'autres ? Je dois surmonter tout sentiment de partialité et de discrimination. Je dois me consacrer à tous mes semblables, également !

Méditation pour acquérir la sérénité

Comment exercer notre esprit à percevoir la qualité essentielle de tous les êtres vivants ? La meilleure méthode consiste à cultiver la sérénité en se concentrant d'abord sur des étrangers ou de vagues relations, des êtres pour qui vous n'éprouvez pas de sentiments forts, positifs ou négatifs. Ensuite, vous méditerez de manière impartiale, et passerez de vos amis à vos ennemis. Pour parvenir à une attitude impartiale envers tous les êtres sensibles, vous devrez méditer sur l'amour et former le vœu qu'ils trouvent le bonheur qu'ils recherchent.

La graine de la compassion germera, pour peu que vous la plantiez dans un sol fertile, c'est-à-dire une conscience pétrie d'amour. Quand vous aurez ensuite abreuvé votre esprit à la source de l'amour, vous pourrez commencer à méditer sur la compassion. La compassion, dans ce cas, se résume au simple souhait de libérer tous les êtres vivants de la souffrance.

10

LA BODHICITTA

Nous avons longuement évoqué la compassion et la sérénité ainsi que le développement de ces qualités dans notre vie quotidienne. À supposer que notre sens de la compassion soit parvenu au point où nous nous sentons responsable de l'ensemble des êtres, nous sommes maintenant prêt à perfectionner notre aptitude à les servir. Les bouddhistes nomment « bodhicitta » cette aspiration à atteindre un tel état et celui qui l'atteint, un « bodhisattva ». Deux méthodes permettent d'atteindre la bodhicitta. La première, appelée les « sept préceptes de la cause et de l'effet », consiste à reconnaître que tous les êtres ont été nos mères dans le passé. La seconde « échanger soi-même avec autrui » enseigne que nous sommes identique à autrui.

Ces deux pratiques sont considérées comme relevant du « vaste » chemin.

Les sept préceptes de la cause et de l'effet

Si nous avons été réincarné à de multiples reprises, il est évident que nous avons eu besoin de nombreuses mères pour nous mettre au monde. Autant de renaissances, il est utile de le mentionner, qui ne se sont pas bornées à la planète Terre : selon la doctrine bouddhiste, nous avons traversé les cycles de la vie et de la mort bien avant que notre planète existe. Nos vies passées sont donc infinies, comme le sont les êtres qui nous ont donné naissance. C'est pourquoi la première des causes de la bodhicitta est la reconnaissance que tous les êtres ont été notre mère.

Comment payer de retour l'amour et la bonté que nous a témoignés notre mère dans cette vie ? Rude tâche ! Elle a sacrifié de nombreuses nuits de sommeil pour nous soigner quand nous étions des nourrissons sans défense. Elle nous a nourri et aurait volontiers tout donné, y compris sa vie, pour nous. En contemplant cet amour dévoué, n'oublions pas que *tout* être vivant nous a traité de cette manière, à travers nos différentes vies. Chaque chien, chat, poisson, mouche et être humain a été, à un certain moment de ce passé qui se perd dans la nuit des temps, notre mère et nous a manifesté un amour et une bonté sans limites. Une telle pensée devrait provoquer un élan de gratitude. C'est la seconde cause de la bodhicitta.

Quand nous observons la condition présente de tous ces êtres, nous sentons croître en nous le désir de les aider à améliorer leur sort. C'est la troisième cause, qui en engendre une quatrième, un sentiment d'amour englobant l'ensemble des créatures vivantes. Ce sentiment est comparable à celui qu'un enfant éprouve en voyant sa mère. Ce qui nous amène à la compassion, cinquième cause de la bodhicitta. La compassion est le vœu de libérer ces êtres souffrants, nos mères passées, de leur situation misérable. À ce moment, nous faisons l'expérience de l'amour bienveillant ainsi que le vœu que tous les êtres trouvent le bonheur. En progressant à travers les différentes phases de la responsabilité, nous passons du souhait que tous les êtres sensibles trouvent le bonheur et soient libérés de la souffrance à la décision personnelle de les aider à atteindre cette délivrance. C'est la dernière cause. En examinant attentivement les meilleurs moyens d'aider autrui, nous parvenons à l'état d'éveil intégral et omniscient de la bouddhéité.

La question implicite de cette méthode est au centre du bouddhisme mahayana : si tous les êtres sensibles qui se sont montrés attentionnés envers nous depuis toujours — le passé n'ayant pas de commencement —, si tous ces êtres souffrent, comment pouvons-nous nous consacrer à la poursuite exclusive de notre propre bonheur ? Rechercher le bonheur en restant indifférent à la souffrance d'autrui est une erreur tragique. C'est pourquoi il est clair que nous devons essayer d'aider l'ensemble des créatures vivantes à se libérer de la souffrance. Cette méthode nous aide à cultiver le désir d'agir ainsi.

Échanger soi-même et autrui

L'autre méthode pour parvenir à la bodhicitta s'appelle « échanger soi-même et autrui » ; c'est l'aspiration à atteindre l'éveil suprême pour le salut de toutes les créatures vivantes. Ici, l'effort se porte sur la reconnaissance de notre dépendance à autrui pour tous les biens dont nous jouissons. Nous prenons conscience que la maison dans laquelle nous vivons, les vêtements que nous portons, les routes sur lesquelles nous roulons, tout cela est le fruit du dur labeur de nos semblables. C'est grâce à leur travail qu'a été fabriquée la chemise de coton que nous portons. Il a fallu planter la graine, tisser l'étoffe et coudre le vêtement. La tranche de pain que nous mangeons est le résultat d'une longue série d'opérations. Le blé a dû être semé, puis, après irrigation et fertilisation du champ, récolté et moulu. La farine ainsi obtenue a elle-même été pétrie en une pâte homogène, façonnée et cuite. Il est impossible de dénombrer l'ensemble des êtres impliqués dans la production de cette simple tranche de pain. Les machines accomplissent, certes, une grande partie de ce travail ; mais il a bien fallu inventer et fabriquer ces machines, et il faut encore les entretenir, les réparer, les surveiller... Même pour nos vertus personnelles, notre patience, notre sens moral, nous sommes redevable à la communauté de nos semblables. Et c'est ainsi que nous en venons à apprécier ceux qui nous créent des problèmes car ils nous donnent l'occasion de renforcer notre tolérance.

Nous devons travailler à développer cette reconnaissance tout en vaquant à nos occupations quotidiennes, après nos séances de méditation matinales. Les exemples de notre dépendance envers autrui ne manquent pas. Chaque fois que nous les reconnaissons, nous renforçons notre sens de la responsabilité envers eux et notre désir de payer leur bonté de retour.

Observons aussi comment, à cause des lois du karma, nos actes égoïstes nous ont conduit aux difficultés que nous affrontons chaque jour. Et que seule l'aide que nous apportons à autrui, seul le désintéressement peuvent nous permettre d'atteindre le bonheur. Cette évolution nous mène au plus noble de tous les actes : l'engagement dans la démarche visant la bouddhéité afin d'aider l'ensemble des êtres humains.

Lorsque nous mettons en œuvre la technique d'échange de soi-même et d'autrui, il est important de pratiquer en parallèle le développement de la patience, car le défaut de patience et de tolérance constitue l'un des principaux obstacles à l'accroissement de notre compassion et de la bodhicitta.

Quelle que soit la méthode employée pour développer la bodhicitta, nous devons lui rester fidèle et cultiver cette noble aspiration quotidiennement, pendant et après nos séances de méditation formelle. Nous devons nous appliquer à amoindrir nos instincts égoïstes pour les remplacer par les dispositions plus élevées de l'idéal du bodhisattva. Il est important que nous fortifiions d'abord notre sérénité, l'attitude de bienveillance impartiale envers tous les êtres. Si nous n'avons pas renoncé à toute préférence affective, il sera difficile de réaliser nos aspirations vertueuses.

Sur le chemin du développement de l'aspiration supérieure de la bodhicitta, de nombreux obstacles surgissent. Des sentiments comme l'attachement ou l'hostilité minent nos efforts. Nous cédons à la tentation de renouer avec nos vieilles habitudes délétères — regarder la télévision ou fréquenter des amis dont l'influence nous éloigne de notre quête. Pour vaincre ces tendances et ces émotions, nous devons recourir aux techniques méditatives décrites dans cet ouvrage. C'est le chemin que nous devons emprunter. Il nous faut d'abord reconnaître nos émotions afflictives et nos mauvaises habitudes, preuves de notre état d'attachement, et nous convaincre une fois encore de leur nocivité. Ensuite, nous devons appliquer les antidotes appropriés et bannir toute indulgence envers ces émotions pour ne plus retomber dans nos vieilles ornières. Enfin, rester concentré sur notre engagement en faveur de toutes les créatures vivantes.

Nous avons exploré la voie de l'ouverture du cœur. La compassion est l'essence même de cette ouverture et nous devons la cultiver sans relâche tout au long de notre quête. La sérénité vient à bout de nos préjugés et donne à notre altruisme la force d'embrasser l'ensemble des créatures vivantes. La bodhicitta est l'engagement de leur apporter une aide authentique. Nous allons maintenant nous pencher sur les méthodes qui nous permettront de développer la concentration nécessaire à un autre aspect de notre pratique, la sagesse.

11

LA PERMANENCE DU CALME

La permanence du calme, ou concentration sur un point unique, est la forme de méditation qui choisit un objet et fixe l'esprit sur cet objet. Un tel degré de concentration ne s'obtient pas en une séance ! On y parvient progressivement. Peu à peu, vous découvrirez que votre esprit est capable d'une concentration accrue. La permanence du calme est un état stable dans lequel votre esprit peut rester concentré sur un objet mental aussi longtemps que vous le désirez avec un calme imperturbable.

Dans cette pratique méditative, comme dans toutes les autres, la motivation est, encore une fois, décisive. L'habileté nécessaire à la concentration sur un objet unique peut servir à différentes fins. C'est une compétence purement technique et son résultat dépend uniquement de votre motivation. Puisque nous nous préoccupons de notre quête spirituelle, notre but et notre motivation ne peuvent qu'être vertueux. Passons maintenant à l'analyse des aspects techniques de cette pratique.

La permanence du calme est une pratique commune à de nombreuses confessions. Le méditant commence son entraînement mental en choisissant un objet de méditation. Un chrétien choisira la Sainte Croix ou la Vierge Marie comme point unique de sa méditation. Pour un musulman, une telle pratique se révélera peut-être plus ardue, puisque l'islam proscrit toute image. Mais il n'est pas indispensable de se concentrer sur une image et rien n'empêche le pratiquant de cette religion de prendre pour objet de méditation sa foi en Allah, ou encore la ville sainte de La Mecque. Les textes bouddhiques renvoient souvent à l'image du Bouddha Sakyamuni comme exemple d'un objet de concentration. L'un des avantages de cette image est de permettre de développer la conscience des qualités supérieures et de la bonté du Bouddha. Il en résulte un plus grand sentiment d'intimité avec lui.

L'image du Bouddha sur laquelle vous vous concentrez dans cette méditation ne doit être ni une peinture ni une statue. Et même si vous utilisez l'image d'un objet concret pour vous familiariser avec la forme et les proportions du Bouddha, c'est sur son image *mentale* que vous devez focaliser. Votre visualisation du Bouddha doit être strictement mentale. C'est à partir du moment où cette visualisation se produit que le processus de la permanence du calme peut commencer.

Le Bouddha que vous visualisez ne doit être ni trop éloigné ni trop proche. La distance correcte se situe à environ un mètre, un mètre cinquante de vous, au niveau de vos yeux. La taille de l'image que vous visualisez doit être d'une dizaine de centimètres environ. La visualisation d'une image petite aide davantage, mais celle-ci devrait alors scintiller comme si elle était faite de lumière. Visualiser une image très lumineuse permet de contrecarrer notre tendance naturelle à la torpeur et à la somnolence. D'autre part, vous devez également essayer d'imaginer cette image du Bouddha comme dotée d'un certain poids, vous n'en résisterez que mieux à l'agitation mentale.

Quel que soit l'objet de méditation choisi, votre concentration sur un point unique doit conjuguer stabilité et clarté. La stabilité est perturbée par l'excitation, une disposition de l'esprit à s'éparpiller et à se dissiper et qui est une conséquence de l'attachement : l'esprit se laisse aisément distraire par des pensées d'objets désirables. De telles pensées l'empêchent de développer la stabilité nécessaire pour rester véritablement et calmement rivé à l'objet qu'il a choisi. Quant à la clarté, elle est plutôt gênée par le relâchement mental, un sentiment d'immersion en soi-même.

L'entraînement à la permanence du calme suppose que vous vous consacriez à cette démarche jusqu'à ce que vous en obteniez la complète maîtrise. Un environnement calme, silencieux est essentiel, comme le sont les encouragements de vos proches. Écartez toute préoccupation concernant le quotidien — famille, travail, relations sociales — et consacrez-vous entièrement au développement de votre concentration. Au début, il est préférable de prévoir plusieurs brèves séances de méditation, échelonnées dans le cours de la journée. Une dizaine, voire une vingtaine de séances, de quinze ou vingt minutes chacune, si possible. Au fur et à mesure que votre concentration se développe, augmentez la durée des séances et diminuez leur fréquence. Asseyez-vous en posture de méditation formelle, le dos bien droit. Si vous poursuivez votre entraînement avec assiduité, il est possible d'atteindre la permanence du calme en moins de six mois.

Un méditant doit apprendre à appliquer les antidotes appropriés quand des obstacles surviennent. Quand l'esprit semble sur le point de céder à l'excitation ou commence à se laisser captiver par un souvenir agréable ou une obligation urgente, il faut le ramener fermement à l'objet choisi. C'est le rôle de la vigilance. Au début de cette pratique, il est difficile de garder l'esprit concentré sur son objet plus de quelques instants. La vigilance vous aide à ramener encore et encore l'esprit vers l'objet, jusqu'à ce qu'il soit recentré sur ce dernier. Une fois que l'esprit est concentré sur son objet, c'est toujours la vigilance qui l'empêche de s'égarer quand une tentation se présente.

L'introspection assure la clarté et la stabilité de la concentration. Grâce à l'introspection nous « rattrapons » l'esprit quand il s'agite et se disperse. Vous avez remarqué que les personnes débordantes d'énergie et de vitalité ont parfois des difficultés à vous regarder dans les yeux quand elles vous parlent. Leur regard saute sans cesse d'un point à un autre. Lorsqu'il est distrait, l'esprit ressemble à ce regard, il ne peut rester centré du fait de son état d'agitation. L'introspection nous permet de le canaliser en le recentrant vers l'intérieur, ce qui a pour effet de réduire l'excitation mentale. Et de rétablir la stabilité.

L'introspection rattrape aussi l'esprit quand il se relâche et tombe dans la somnolence. Cette inclination à la somnolence concerne plutôt les méditants au caractère introverti. Leur méditation a tendance à être trop détendue, elle manque de vitalité. Une introspection sur le qui-vive vous permettra de dynamiser votre esprit par des pensées joyeuses qui accroîtront votre acuité et votre clarté mentales.

Dès le début de la pratique de la permanence du calme, il apparaît évident que le maintien de la concentration de l'esprit sur un objet, même pour une courte période, relève d'une redoutable gageure ! Ne vous découragez pas. Voyez cela comme un signe positif, puisque vous prenez conscience de l'effervescence de votre esprit. En persévérant dans votre pratique, en faisant appel à la vigilance et à l'introspection, vous allez devenir capable de prolonger la durée de votre concentration mentale sur l'objet choisi tout en gardant la vitalité, la tonicité de votre pensée.

Quantité d'objets, matériels et intellectuels, peuvent être employés pour développer la concentration sur un point unique. On peut cultiver la permanence du calme en centrant la méditation sur la conscience elle-même. Cela dit, il n'est pas facile d'arriver à une notion claire de la conscience, car une connaissance véritable ne découle pas d'une description purement verbale. Une authentique compréhension de la nature de l'esprit ne peut venir que de l'expérience.

Comment parvenir à cette compréhension ? D'abord en examinant soigneusement vos pensées et vos émotions, la manière dont vous en prenez conscience, et celle dont votre esprit fonctionne. La plupart du temps, c'est à travers nos échanges avec le monde extérieur, nos souvenirs ou nos projections dans l'avenir, que nous faisons l'expérience de l'esprit ou de la conscience. Êtes-vous irritable le matin ? Hébété le soir ? Hanté par une relation qui a échoué ? Inquiet pour la santé d'un enfant ? Mettez tout cela de côté. La vraie nature de l'esprit — l'expérience claire de notre connaissance — est obscurcie en temps ordinaire. Quand vous méditez sur l'esprit, essayez de rester concentré sur le moment présent. Ne laissez pas le souvenir d'expériences passées interférer sur le cours de vos réflexions. L'esprit ne doit pas être tourné vers le passé, ni perturbé par des appréhensions ou des espoirs concernant le futur. Une fois éloignées les pensées qui parasitent votre concentration, ce qui subsiste est l'intervalle entre les souvenirs d'expériences passées et vos anticipations et projections dans l'avenir. Cet intervalle est un vide. Vous devez vous efforcer de rester concentré sur ce vide.

Au début, votre expérience de cet intervalle ne pourra être que fugitive. Pourtant, à mesure que vous vous perfectionnerez dans cette pratique, vous deviendrez capable de le prolonger. En agissant ainsi, vous vous débarrasserez des pensées qui entravent l'expression de la véritable nature de l'esprit. Peu à peu filtrera l'éclat éblouissant de la connaissance pure. Par la pratique, l'intervalle s'élargira de plus en plus jusqu'à ce qu'il vous soit possible d'entrevoir ce qu'est la conscience. Il est important de comprendre que l'expérience de cet intervalle mental — la conscience débarrassée de tout processus de pensée — n'a rien à voir avec un « blanc » de l'esprit. Elle ne s'apparente pas davantage à un sommeil profond et sans rêves, ou à un évanouissement.

Au début de votre méditation, dites-vous : « Je ne laisserai pas des pensées sur l'avenir, des anticipations, des peurs, des espoirs, des souvenirs du passé distraire ou égarer mon esprit. Je resterai concentré sur l'instant présent. » Une fois affirmée une telle volonté, prenez l'espace entre passé et futur comme objet de la méditation et maintenez-y simplement votre conscience, libre de tout processus de pensée conceptuel.

Les deux niveaux de l'esprit

L'esprit comporte par nature deux niveaux. Le premier est la claire expérience de la connaissance qui vient d'être décrite. Le second, le niveau suprême, nous en faisons l'expérience lorsque nous réussissons à concevoir l'absence d'existence inhérente de l'esprit. Pour développer la concentration sur la nature suprême de l'esprit, telle que je viens de la décrire, commencez par prendre comme objet de méditation le premier niveau de l'esprit — l'expérience claire de la connaissance. Lorsque vous êtes concentré, vous pouvez contempler l'absence d'existence inhérente de l'esprit. Apparaît alors le vide ou l'absence de toute existence intrinsèque de l'esprit.

Telle est la première étape. Prenez ensuite le vide comme objet de concentration. Cette forme de méditation est particulièrement difficile et représente un véritable défi. On dit qu'un pratiquant ayant atteint le plus haut degré dans sa pratique doit d'abord approfondir sa compréhension du vide et, à partir de cette compréhension, prendre le vide lui-même comme objet de méditation. Il est évidemment très précieux de maîtriser un tant soit peu la permanence du calme afin de l'utiliser comme outil pour commencer à approfondir la compréhension du vide.

12

LES NEUF ÉTAPES DE LA MÉDITATION DE LA PERMANENCE DU CALME

Quel que soit l'objet de votre méditation — la nature de votre esprit ou l'image du Bouddha —, pour parvenir à la permanence du calme, il vous faudra franchir neuf étapes.

La première étape

La première étape est celle du *placement* : il s'agit de placer l'esprit sur son objet de concentration. À ce stade, il est difficile de rester concentré et les distractions sont fréquentes. L'esprit s'éloigne facilement de l'objet au point, parfois, de l'oublier complètement. Le méditant passe beaucoup de temps à penser à autre chose et doit fournir de gros efforts pour ramener son esprit sur l'objet de sa méditation.

La deuxième étape

Dès que vous êtes parvenu à prolonger votre capacité de concentration sur l'objet choisi durant plusieurs minutes d'affilée, vous avez atteint la deuxième étape. Cette étape est celle du *placement continu*. Vos périodes de distraction restent plus longues que les moments de concentration, mais vous faites déjà l'expérience, bien que ces instants soient fugitifs, de la tranquillité mentale.

La troisième étape

Vous êtes maintenant capable, quand votre esprit s'égare, de le ramener immédiatement et de le concentrer de nouveau sur l'objet. C'est la troisième étape de la pratique, le *re-placement*.

La quatrième étape

À la quatrième étape, celle du *placement rapproché*, vous avez développé une vigilance telle que vous ne vous laissez plus détourner de l'objet de votre concentration. Pourtant, vous restez vulnérable à de violents accès de relâchement ou d'excitation. Le meilleur antidote est d'en prendre conscience dès que vous les éprouvez. Mais à mesure que vous êtes capable d'utiliser avec succès des antidotes aux manifestations évidentes de relâchement et d'excitation, d'autres formes plus insidieuses de relâchement apparaissent.

La cinquième étape

La cinquième étape est celle de la *discipline*. À ce stade, l'introspection intervient pour identifier des formes subtiles de relâchement et leur appliquer l'antidote approprié, qui n'est autre que la conscience.

La sixième étape

À ce stade, celui de l'*apaisement*, les formes subtiles de relâchement se dissipent. L'accent est mis sur l'antidote à opposer aux formes subtiles d'excitation. Votre introspection doit se faire d'autant plus puissante que l'obstacle est plus insidieux.

La septième étape

Quand vous êtes parvenu, par un effort continuel et concerté, à repousser les formes subtiles de relâchement et d'excitation, votre esprit n'a plus à être aussi vigilant. La septième étape, celle de l'*apaisement profond*, est atteinte.

La huitième étape

Quand, au prix d'un certain effort initial, vous êtes capable de placer votre esprit sur son objet et que vous pouvez rester concentré sans la moindre expérience de relâchement ou d'excitation, vous avez atteint la huitième étape. Nous l'appelons le *point unique*.

La neuvième étape

La neuvième étape, celle du *placement équilibré*, est atteinte quand votre esprit reste fixé sur son objet, sans effort, aussi longtemps que vous le désirez. Vous êtes arrivé à l'accomplissement de la permanence du calme quand vous réussissez à méditer sur le point unique de concentration jusqu'à faire l'expérience d'une bienheureuse souplesse de l'esprit et du corps.

Il est important de maintenir un équilibre, dans votre pratique quotidienne, entre concentration sur un point unique et méditation analytique. Si vous vous attachez à perfectionner votre concentration sur un point unique, votre capacité d'analyse risque d'en pâtir. D'un autre côté, si vous vous consacrez trop à l'analyse, vous risquez d'affaiblir votre capacité de stabilité dans la concentration. C'est pourquoi il importe de trouver un équilibre entre la permanence du calme et l'analyse.

13

LA SAGESSE

Nous connaissons maintenant la technique pour discipliner notre esprit, nous sommes donc capable de rester parfaitement concentré sur un objet de méditation. Cette capacité devient un outil essentiel pour pénétrer la sagesse et notamment le vide. J'ai déjà évoqué le vide dans cet ouvrage mais il est temps, à présent, de l'explorer plus en profondeur.

Le moi

Nous avons tous une idée claire de ce qu'est le « moi », le « je ». Nous savons de qui il est question quand nous disons « Je vais au bureau », « Je rentre à la maison » ou encore « J'ai faim ». Les animaux eux-mêmes possèdent une certaine notion de leur identité sans pouvoir toutefois l'exprimer par des mots, à l'instar des humains. Lorsque nous essayons d'identifier et de comprendre en quoi consiste exactement ce « je », il devient très compliqué de mettre le doigt dessus.

Certains philosophes de l'Inde ancienne prétendaient que le « moi » existait indépendamment de l'esprit et du corps. Ils croyaient à l'existence d'une entité assurant une continuité entre les différents états du « moi », « jeunesse » et « vieillesse » ou encore le « moi » de nos vies antérieures et futures. Comme tous ces différents « moi » sont transitoires, impermanents, un « moi » unifié et permanent rassemblant ces différentes phases de la vie paraissait nécessaire. Tel était le fondement sur lequel ces philosophes affirmaient l'existence d'un « moi » distinct de l'esprit et du corps, l'« atman ».

Cette notion du « moi » est communément admise. En examinant attentivement comment nous percevons ce sentiment du « moi », nous nous apercevons que nous le tenons pour le noyau de notre être. Nous ne comprenons pas le « moi » comme la somme de nos parties, jambes, bras, torse et tête, mais plutôt comme le maître de ces parties. Par exemple, je ne confonds pas mon bras avec « moi », je pense à lui comme étant « mon » bras. Je pense mon esprit, de la même façon, comme m'appartenant. Nous croyons en un « moi » autosuffisant et indépendant, noyau même de notre être et possesseur des parties qui nous constituent.

Pourquoi cette conception est-elle erronée ? Comment nier l'existence d'un « moi » immuable, éternel et synthétique, indépendant de l'esprit et du corps ? Les philosophes bouddhistes considèrent que le « moi » peut être compris seulement dans un rapport direct à la structure corps-esprit. Ils expliquent que si un atman ou « moi » existait, soit il devrait être séparé des parties impermanentes qui constituent le corps et l'esprit, soit il ne devrait faire qu'un avec une de ces parties. Cependant, si le moi est séparé de l'esprit et du corps, n'est en rien relié à eux, la notion de « moi » perd toute pertinence. Et suggérer qu'un « moi » permanent et indivisible puisse faire un avec les parties impermanentes qui composent notre corps et notre esprit est risible. Pourquoi ? Parce que le « moi » est unique et indivisible, au contraire des parties qui sont multiples. Comment une entité sans parties pourrait-elle être décomposable ?

Quelle est donc la nature de ce moi qui nous est si familier ? Selon certains philosophes bouddhistes, c'est la somme des parties de l'esprit et du corps qui constituc le « moi ». D'autres pensent que le « moi » réside dans le continuum de la conscience. On trouve aussi la croyance selon laquelle une faculté mentale distincte, une « base spirituelle », serait le « moi ». Toutes ces notions sont autant de tentatives pour conforter notre croyance innée en un « moi » nodal qui reconnaissent pourtant l'impossibilité d'affirmer la solidité et la permanence que nous lui imputons spontanément.

Le « moi » et les afflictions

Si nous examinons nos émotions, nos expériences d'attachement ou d'hostilité, nous découvrons qu'à leur racine existe un puissant attachement au concept du « moi ». Nous attribuons à ce « moi » un caractère d'indépendance, d'autosuffisance et le dotons d'une solide réalité. Plus notre croyance en ce « moi » ainsi défini grandit, plus nous souhaitons le satisfaire et le protéger.

Laissez-moi vous donner un exemple. Quand vous voyez une belle montre dans une vitrine, vous êtes naturellement attiré par elle. Si le vendeur la laisse tomber par mégarde, vous éprouvez une légère contrariété. Mais l'impact de cet incident reste limité. Si, en revanche, vous achetez la montre en question, qu'elle devient « votre montre » et que vous la laissez tomber, votre cœur s'arrête de battre, vous êtes consterné. D'où vient ce sentiment violent ? De la possessivité qui elle-même découle de notre sentiment du moi. Plus notre sentiment du « moi » augmente, plus notre sentiment du « mon » augmente aussi. C'est pourquoi il est si important de travailler à modifier notre croyance en un moi autosuffisant et indépendant. Une fois que nous sommes capables de mettre en question et de dissoudre l'existence d'un tel concept du moi, les émotions qui découlent de cet attachement vont diminuant.

L'impermanence de tous les phénomènes

L'absence de « moi » n'est pas réservée aux seuls êtres sensibles. Il en va de même pour tous les phénomènes. Si nous analysons ou disséquons une fleur en cherchant « la » fleur dans ses parties, nous ne la trouverons pas. Ce qui tend à montrer que la fleur ne possède pas de réalité intrinsèque, pas plus qu'une voiture, une table ou une chaise. Et même les goûts et les odcurs pcuvent être décomposés analytiquement ou scientifiquement jusqu'au stade où il ne reste plus rien à percevoir — ni goût ni odeur.

Et pourtant, nous ne pouvons nier l'existence des fleurs et de leur délicieux parfum. Comment existent-elles ? Certains philosophes bouddhistes ont expliqué que la fleur que nous percevons n'est que l'aspect extérieur de notre perception de celle-ci. La fleur existe uniquement dans le fait d'être perçue. Selon cette théorie, s'il y avait une fleur sur une table, entre vous et moi, la fleur que je verrais se confondrait avec ma perception tandis que celle que vous verriez serait indissociable de la vôtre. Quant au parfum de la fleur, nous en aurions l'un et l'autre une perception différente : les phénomènes n'auraient qu'une existence purement mentale. Cette thèse ébranle notre croyance en une vérité objective, en ce qu'elle attribue une importance majeure à la conscience individuelle. L'esprit non plus n'est pas en lui-même doué de réalité. Constitué de multiples expériences, stimulé par la diversité du réel, son existence est aussi illusoire que celle de tous les phénomènes.

Le vide et l'origine dépendante

Qu'est-ce donc que le vide ? Quand nous cherchons la fleur parmi ses parties, nous sommes confrontés à l'absence d'une telle fleur. Cette absence est le vide de la fleur. Mais cela signifie-t-il que la fleur n'existe pas ? En aucune façon — la fleur existe bel et bien. En recherchant le noyau de tout phénomène nous sommes parvenus à une appréciation plus subtile du vide, son irréalité. Pourtant, nous ne devons pas ramener le vide de la fleur à son irréalité quand nous la cherchons parmi ses parties. C'est plutôt la nature dépendante de la fleur — et de tout objet en général — qui définit son vide. Cette caractéristique s'appelle l'origine dépendante [1].

La notion d'origine dépendante est expliquée de différentes manières par les philosophes bouddhistes. Certains la définissent exclusivement par les lois de la causalité. Ils expliquent que dans la mesure ou une fleur est le produit de causes et de conditions, son origine est dépendante. D'autres

1. Selon le *Dictionnaire encyclopédique du bouddhisme* (Seuil, 2001) : « Ensemble des mécanismes d'interaction qui régissent les phénomènes dans leurs relations causales. » *(N.d.T.)*

interprètent la notion de dépendance avec plus de subtilité. Pour ces derniers, un phénomène est dépendant quand il dépend de ses parties comme la fleur « dépend » de ses pétales, de son étamine et de son pistil.

Il existe une interprétation plus subtile encore de l'origine dépendante. Dans le cas d'un phénomène singulier comme celui de la fleur, ses parties — pétales, étamine et pistil — et notre pensée qui reconnaît et nomme cette fleur sont mutuellement dépendantes. L'une ne peut exister sans les autres. Ce sont toutefois des phénomènes séparés. C'est pour cette raison que si vous analysez ou cherchez une fleur parmi ses parties, vous ne la trouverez pas. Et pourtant, la perception d'une fleur n'existe qu'en relation aux parties qui la constituent. Cette compréhension de l'origine dépendante s'oppose à toute idée d'existence intrinsèque ou inhérente des phénomènes.

Méditation sur le vide

Le concept du vide est difficile à cerner. Dans les universités monastiques tibétaines, les moines consacrent à son étude de nombreuses années. Ils apprennent par cœur les sutras et les commentaires qui s'y rapportent, textes écrits par des sages indiens et tibétains renommés. Ils étudient sous la direction d'érudits et passent chaque jour des heures à débattre de ce sujet. Pour approfondir notre connaissance du vide, nous devons, nous aussi, étudier ce thème et le méditer. Il est important de se laisser guider dans cette démarche par un maître qualifié, dont la compréhension du vide soit irréprochable.

La sagesse, comme les autres sujets de ce livre, doit être abordée par la méditation analytique et la méditation contemplative. Pourtant pour approfondir votre conception du vide, il ne faut pas alterner ces deux formes, mais les associer. Concentrez votre esprit sur l'analyse du vide grâce à votre faculté toute récente de concentration sur un point unique. Ce double mouvement est appelé *union de la permanence du calme et de la vision pénétrante* [1]. En méditant constamment de cette façon, votre pénétration évolue progressivement en une authen-

1. La « vision pénétrante » donne accès à la véritable nature des phénomènes (voir l'article « vipasyana » du *Dictionnaire encyclopédique du bouddhisme, op. cit.*). *(N.d.T.)*

tique conception du vide. À ce moment, vous atteignez le Chemin de la Préparation.

Votre appréhension est conceptuelle, tout comme votre connaissance du vide procède du seul raisonnement logique. Mais cette phase préliminaire vous prépare à l'expérience profonde de l'appréhension non conceptuelle de la vacuité.

Un méditant cultive et approfondit continuellement sa compréhension déductive du vide. C'est ainsi qu'il atteint le Chemin de la Vision. Il voit maintenant le vide véritable aussi distinctement que les lignes sur la paume de sa main.

En poursuivant la méditation sur le vide, vous progressez sur le Chemin de la Méditation. Il ne reste plus aucun autre aspect du voyage à cultiver. Le méditant peut maintenant se consacrer en permanence au développement et au renforcement des expériences déjà acquises du vide.

Les niveaux du bodhisattva

Le pratiquant du mahayana commence son évolution à travers les étapes menant à la bouddhéité, par l'engendrement de la bodhicitta. En tant que pratiquant, il nous revient de développer toutes les qualités décrites dans cet ouvrage. Une fois admis le fonctionnement du karma, nous devons renoncer à commettre des actes susceptibles de nuire à nous-même ou à autrui.

La vie est souffrance. Nous devons avoir le désir profond de la transcender. Il nous faut, en outre, avoir l'ambition de libérer de cette souffrance omniprésente nos semblables, pris au piège dans le bourbier du cycle des existences. L'amour bienveillant nous inspire le vœu de procurer à tous le bonheur suprême. Nous devons assumer la responsabilité d'atteindre l'éveil suprême.

À ce stade nous sommes sur le Chemin de l'Accumulation. Grâce à la motivation de la bodhicitta, qui allie la permanence du calme et une pénétration particulière, on peut expérimenter la conception déductive du vide, décrite plus haut. Nous avons atteint alors le Chemin de la Préparation. Au long de ces deux chemins, celui de l'Accumulation et celui de la Préparation, le bodhisattva traverse la première des trois éternités incommensurables de la pratique, au cours de laquelle il accumule des mérites innombrables et approfondit sa sagesse.

Quand la conception du vide cesse d'être d'ordre déductif, et que le Chemin de la Vision est atteint, vous avez atteint le premier des dix niveaux menant à la bouddhéité. Par une méditation continuelle sur le vide, vous rejoignez le deuxième niveau du bodhisattva et simultanément le Chemin de la Méditation. En gravissant les sept premiers niveaux du bodhisattva, vous vous consacrez à une seconde éternité incommensurable durant laquelle vous accumulez mérites et sagesse.

Au cours des trois niveaux restants du bodhisattva, vous concluez la troisième éternité d'accumulation de mérites et de sagesse et parvenez sur le Chemin où il n'y a plus rien à Apprendre.

Vous êtes maintenant un bouddha éveillé.

Les nombreuses éternités qui s'étendent devant nous ne doivent pas nous décourager. Montrons-nous persévérant. Avançons pas à pas, sans négliger le moindre aspect de la pratique. Aidons nos semblables selon nos capacités et interdisons-nous de leur nuire. À mesure que notre égoïsme diminue et que notre altruisme croît, nous devenons plus heureux, comme ceux qui nous entourent. C'est ainsi que nous accumulons les mérites vertueux requis pour atteindre la bouddhéité.

14

LA BOUDDHÉITÉ

Pour trouver authentiquement refuge dans les Trois Joyaux en ayant le désir profond de parvenir à l'Éveil le plus haut pour le bien de tous les êtres sensibles, il nous faut maintenant comprendre la nature de l'Éveil. Nous devons, bien sûr, reconnaître que la vie terrestre est, par essence, souffrance. Nous savons désormais qu'il est futile de se complaire dans le cycle des existences, si tentant que cela paraisse. Nous sommes donc à l'écoute des souffrances quotidiennes qui affligent nos semblables, nous voulons les aider à surmonter ces souffrances. Quand notre pratique est motivée par cette aspiration à atteindre l'éveil suprême de la bouddhéité, nous sommes sur le chemin du mahayana.

Le terme « mahayana » a souvent été associé aux formes du bouddhisme qui ont prospéré au Tibet, en Chine et au Japon. Il désigne également certaines écoles philosophiques bouddhistes. Pourtant, j'utilise ici le terme « mahayana » pour désigner les aspirations intérieures qui animent un pratiquant. Notre plus haute motivation est de procurer le bonheur à tous les êtres sensibles et le plus grand effort que nous avons à faire est d'aider tous les êtres sensibles à atteindre ce bonheur.

Les pratiquants du mahayana consacrent leur vie à atteindre l'état de bouddha. Ils travaillent à supprimer l'ignorance et l'affliction qui engendrent des schémas de pensée égoïstes. Ces schémas les empêchent d'atteindre l'éveil intégral, état omniscient qui leur permet de se consacrer pleinement à autrui. Les pratiquants s'attachent à consolider des vertus comme la générosité, la droiture et la patience jusqu'au moment où ils sont prêts à endurer sans compter sacrifices, injustices et difficultés de toutes sortes au service de leur prochain. Plus important, ils développent leur sagesse : la conception du vide inhérent à l'existence. Pour y parvenir, ils doivent conforter leur vision intérieure et intensifier la subtilité de leur esprit. Il est bien sûr très difficile de décrire le processus par lequel on atteint le stade ultime de la bouddhéité. Je m'en tiendrai à un point : à mesure que s'approfondit la conception du vide inhérent à l'existence, tous les vestiges de l'égoïsme se dissipent et l'on approche de l'état d'éveil intégral de la bouddhéité. Mais notre compréhension de cette expérience demeure nécessairement théorique, jusqu'à ce que nous-même approchions d'une telle conception.

Quand les dernières séquelles de nos idées fausses, issues de l'ignorance tout comme les prédispositions qui en sont la cause, ont été éliminées de l'esprit du pratiquant, cet esprit purifié est devenu l'esprit d'un bouddha. Le pratiquant a atteint l'Éveil. Mais cet éveil comporte un certain nombre d'autres aspects, désignés, dans la littérature bouddhiste, sous le nom de « corps ». Certains de ces corps revêtent une apparence physique, d'autres non. Parmi eux se trouve le « corps de vérité » qui n'est autre que l'esprit purifié. L'aspect omniscient de l'esprit éveillé, sa capacité à percevoir constamment l'ensemble des phénomènes et leur absence d'existence inhérente, est appelé « corps de sagesse » du Bouddha. Le vide de cet esprit omniscient est le « corps naturel » du Bouddha. Aucun de ces corps, qui sont autant d'aspects du corps de vérité, ne revêt de forme physique. Pourtant, nous pouvons atteindre ces corps particuliers grâce à l'aspect « sagesse » du chemin.

Viennent ensuite les manifestations physiques de l'Éveil. Ici nous pénétrons dans une dimension très difficile à saisir pour la plupart d'entre nous. Ces manifestations sont nommées « corps de forme » du Bouddha. Ainsi, le corps de joie du Bouddha est une manifestation physique mais qui reste invisible pour la plupart d'entre nous. Ce corps de joie ne peut être perçu que par des êtres parvenus à une réalisation suprême, des bodhisattvas dont la profonde expérience de la vérité ultime est motivée par un intense désir d'atteindre la bouddhéité pour l'amour de tous.

Le corps de joie engendre spontanément une infinité de corps. À la différence du corps de joie, ces manifestations de l'éveil intégral de la bouddhéité *sont* visibles et accessibles aux êtres ordinaires, comme vous et moi. C'est par le truchement de ces émanations qu'un bouddha peut nous porter assistance. En d'autres termes, ces manifestations sont les incarnations de l'être éveillé. L'unique raison de leur manifestation est exclusivement et purement de nous être utile à tous. Elles se matérialisent quand un pratiquant atteint l'éveil intégral, fruit de son aspiration pleine de compassion à aider autrui. C'est au moyen de ces émanations physiques qu'un bouddha enseigne à autrui la méthode par laquelle lui-même a atteint cet état de libération de la souffrance.

Comment le Bouddha nous assiste-t-il à travers ces corps d'émanation ? Le principal moyen par lequel un bouddha accomplit son activité d'éveil est son enseignement. Le Bouddha Sakyamuni, le Bouddha historique qui a atteint l'Éveil sous l'arbre de Bodhi, il y a deux mille cinq cents ans, était un corps d'émanation.

Une telle explication des différents aspects de l'état d'éveil de la bouddhéité peut paraître relever de la science-fiction, surtout si nous explorons les possibilités des émanations infinies de l'infinité de bouddhas qui se manifestent dans une infinité d'univers pour aider une infinité d'êtres. Pourtant, à moins que notre compréhension de la bouddhéité soit assez éclairée pour embrasser cette dimension cosmique de l'Éveil, le refuge que nous trouvons en Bouddha n'aura pas la force nécessaire. La pratique mahayana, dans laquelle nous nous engageons à procurer le bonheur à *tous* les êtres sensibles, est une vaste entreprise. Si notre représentation du Bouddha se limitait à la figure historique de Sakyamuni, nous chercherions refuge en un être mort depuis longtemps et bien incapable de nous apporter une aide quelconque. Pour que notre refuge soit vraiment puissant, nous devons admettre les différents aspects de l'état de bouddhéité.

Comment expliquer cette continuation infinie de l'existence d'un bouddha ? Examinons notre propre esprit. Il ressemble à une rivière, un continuum fluide de moments de connaissance pure, chacun conduisant à un autre moment de connaissance. Ce flot de conscience se prolonge d'heure en heure, de jour en jour, d'année en année, et même, selon la doctrine bouddhiste, de vie en vie. Bien que notre corps ne puisse nous accompagner, une fois notre force vitale épuisée, les moments de conscience se prolongent, à travers la mort et finalement dans l'existence suivante, quelle que soit la forme que prend celle-ci. Chacun de nous possède un tel flot de conscience sans commencement et sans fin. Rien ne peut le tarir, ce qui le distingue des émotions comme la colère ou l'attachement, qui peuvent être arrêtées par l'application d'antidotes. En outre, l'esprit est pur par nature ; les facteurs polluants peuvent être éliminés, ce qui assure une vie éternelle à cet esprit purifié. Un tel esprit, débarrassé de toute pollution, est le corps de vérité d'un bouddha.

Si nous contemplons l'état d'éveil intégral de

cette manière, l'estime que nous portons à la magnitude du Bouddha grandit, comme notre foi. Lorsque nous reconnaissons les qualités d'un bouddha, notre aspiration à atteindre cet état s'intensifie. Nous parvenons à comprendre l'importance et la nécessité de produire des émanations de différentes formes afin d'aider une infinité d'êtres. Ce qui nous donne la force et la détermination de parvenir à l'éveil intégral de l'esprit.

15

LE RAYONNEMENT DE LA BODHICITTA

La cérémonie pour le rayonnement de l'esprit altruiste désirant l'Éveil est simple. Son but est de réaffirmer et stabiliser notre aspiration à atteindre la bouddhéité pour l'amour de tous les êtres sensibles. Cette réaffirmation est essentielle pour enraciner profondément la pratique de la compassion.

Nous commençons la cérémonie en visualisant une image du Bouddha. Une fois cette visualisation bien définie, nous essayons d'imaginer que le Bouddha Sakyamuni est véritablement présent, en personne, devant nous. Nous l'imaginons entouré de grands maîtres indiens du passé ; notamment Nagarjuna, fondateur de l'école de philosophie bouddhiste de la Voie du Milieu et auteur de l'une des plus subtiles interprétations du vide ; mais aussi Asanga, le principal maître de la lignée de l'aspect de notre pratique dite de la méthode

« vaste ». Nous imaginons aussi le Bouddha entouré de maîtres des quatre traditions du bouddhisme tibétain, Sakya, Gelug, Nyingma et Kagyu. Nous nous imaginons enfin nous-même entouré de tous les êtres sensibles. Le décor est planté pour le développement de l'esprit altruiste désirant l'Éveil. Des adeptes d'autres confessions peuvent prendre part à cette cérémonie en cultivant tout simplement une attitude chaleureuse et altruiste envers l'ensemble des êtres sensibles.

Les Sept Branches de la Pratique

La cérémonie commence par un rituel au cours duquel les mérites sont accumulés et les actions négatives éliminées. Nous nous engageons dans ce rituel en réfléchissant sur sept points essentiels, les Sept Branches de la Pratique.

La première Branche

Dans la première des Sept Branches, nous rendons *hommage* au Bouddha en réfléchissant sur les aspects d'éveil de son corps, de sa parole et de son esprit. Nous pouvons manifester notre foi et notre dévotion en nous inclinant ou en nous prosternant devant notre vision intérieure du Bouddha. Ce témoignage de respect venu du fond du cœur constitue aussi un hommage aux qualités bouddhiques que nous possédons.

La deuxième Branche

Le deuxième point consiste en une *offrande*. Nous pouvons adresser des offrandes physiques ou simplement imaginer que nous offrons des objets précieux à la sainte assemblée que nous avons visualisée devant nous. L'offrande la plus profonde et la plus significative est celle de notre assiduité dans la pratique spirituelle. Toutes les bonnes qualités que nous avons accumulées sont le fruit de notre engagement dans un comportement vertueux. Compassion, dévouement à autrui, voire un simple sourire ou un témoignage d'inquiétude devant un être souffrant, constituent autant d'actes vertueux. Nous offrons ces actes ainsi que toutes les paroles vertueuses que nous avons prononcées, compliments adressés à nos semblables, paroles d'encouragement, de réconfort, de consolation — tous les actes de parole positifs. Nous offrons aussi nos actes mentaux accomplis en accord avec la morale. Le développement de notre altruisme, notre dévouement, notre compassion et notre foi profonde dans la doctrine bouddhiste sont autant d'offrandes que nous présentons. Nous pouvons les imaginer sous la forme d'une grande variété d'objets magnifiques et précieux, que nous offrons au Bouddha et à son entourage éveillé, visualisé devant nous. Nous pouvons mentalement offrir l'univers entier, le cosmos, notre environnement avec ses forêts, ses collines, ses prairies et ses champs de fleurs. Peu importe que ces offrandes nous appartiennent ou non, il suffit de les offrir en esprit.

La troisième Branche

La troisième Branche est la *confession*. L'élément clé de la confession est la reconnaissance de nos actes négatifs, des fautes que nous avons commises. Nous devons cultiver un profond sentiment de regret et prendre la ferme résolution de ne plus nous laisser aller, dans l'avenir, à des actes non vertueux.

La quatrième Branche

La quatrième Branche est la pratique de la *réjouissance*. En nous concentrant sur nos actes vertueux passés, nous développons une grande joie dans nos accomplissements. Nous devons veiller à ne jamais regretter nos actes positifs ; nous devons au contraire en retirer un sentiment joyeux de plénitude. Et, plus important encore, réjouissons-nous des actes positifs des autres, qu'ils émanent d'êtres sensibles inférieurs à nous et plus faibles que nous ou supérieurs à nous, plus puissants que nous ou encore égaux à nous. Il est tout aussi important que notre admiration des vertus d'autrui ne soit pas ternie par un sentiment de compétition ou d'envie. L'admiration et la joie que nous inspirent leurs succès doivent être sans mélange.

La cinquième et la sixième Branche

Dans les deux branches suivantes nous *demandons* que les bouddhas enseignent ou tournent la rouc du dharma pour lc bien de tous, puis nous *prions* pour qu'ils ne recherchent pas la paix du nirvana pour eux-mêmes seulement.

La septième Branche

Le septième et dernier point de la pratique est la *consécration.* Tous les mérites et le potentiel que nous avons créés grâce aux points précédents et autres actes vertueux sont dédiés à notre ultime but spirituel : l'atteinte de la bouddhéité.

Une fois accomplie la pratique préliminaire des Sept Branches, nous sommes prêt pour commencer la mise en œuvre de l'esprit altruiste désirant l'Éveil. Le premier vers du rituel énonce la motivation appropriée :

Avec le vœu de libérer tous les êtres.

Le deuxième et le troisième vers identifient les objets du refuge : le Bouddha, le dharma et la sangha. La durée de cet engagement pour chercher refuge est aussi précisée dans ces vers :

Je chercherai toujours refuge
Auprès du Bouddha, du dharma et de la sangha

La deuxième stance évoque le rayonnement de l'esprit altruiste désirant l'Éveil :

Porté par la sagesse et la compassion
Aujourd'hui, en présence du Bouddha,
Je forme le vœu d'éveil intégral de l'esprit
Pour le bien de tous les êtres sensibles.

Cette stance souligne l'importance d'associer sagesse et compassion. L'Éveil n'est pas une compassion dénuée de sagesse ou une sagesse séparée de la compassion. C'est surtout de la sagesse de la reconnaissance du vide dont il est question ici. La compréhension véritable du vide, ou même sa simple représentation conceptuelle ou intellectuelle, indique la possibilité de mettre fin à une vie privée d'éveil. Quand une telle sagesse vient s'ajouter à notre compassion, celle-ci en est considérablement renforcée. Le terme « porté », dans le premier vers, suggère une compassion très active, un engagement profond, pas un simple état d'esprit.

Le vers suivant,

Aujourd'hui, en présence du Bouddha,

suggère que nous aspirons à atteindre le véritable état d'un bouddha. Il peut aussi signifier que nous appelons l'attention de tous les bouddhas afin qu'il soit témoigné de cet événement,

Je forme le vœu d'éveil intégral de l'esprit
Pour tous les êtres sensibles.

La dernière stance de l'*Entrée dans la pratique des bodhisattvas*, de Shantideva, un maître indien du VIIIe siècle, dit ceci :

Aussi longtemps que demeure l'espace,
Aussi longtemps que demeurent des êtres sensibles,
Puissé-je moi aussi demeurer jusque-là,
Et chasser les malheurs du monde.

Ces vers expriment un sentiment très fort. Un bodhisattva doit se considérer comme appartenant aux autres êtres sensibles. Tout comme les phénomènes du monde naturel sont là pour être appréciés et utilisés par tout un chacun, la totalité de notre être et notre existence doivent être à la disposition d'autrui. Ce n'est que lorsque nous commençons à réfléchir en ces termes que nous pouvons exprimer cette pensée : « Je me vouerai de tout mon être au service des autres. Ma seule raison d'être est le service des autres. » Des sentiments de cette puissance se traduisent par des actes dédiés au bonheur des êtres, et cette démarche est une source de satisfaction totale pour les bodhisattvas. Au contraire, si notre vie entière est placée sous le signe de l'individualisme, nous sommes non seulement incapable de satisfaire nos aspirations égocentriques, mais aussi incapable d'apporter un quelconque bienfait aux autres.

Si le Bouddha Sakyamuni, le Bouddha historique que nous révérons, était resté aussi égoïste que nous, nous le traiterions aujourd'hui comme nos semblables. Nous lui fermerions la bouche ; « Reste tranquille, tais-toi ! » Mais ce n'est pas le cas. Parce que le Bouddha Sakyamuni a choisi de renoncer à l'égoïsme et de chérir son prochain, nous lui témoignons de la vénération.

Le Bouddha Sakyamuni, les illustres maîtres indiens Nagarjuna et Asanga, ainsi que les grands maîtres tibétains du passé ont tous atteint l'état d'éveil à la suite d'un changement radical d'attitude envers eux-mêmes et autrui. Il ont cherché refuge. Ils ont embrassé la cause du bonheur des êtres sensibles. Ils ont considéré l'amour centré sur soi et l'avidité comme deux ennemis jumeaux, deux sources jumelles de non-vertu. Ils ont combattu ces forces et les ont annihilées. Ces êtres d'exception, du fait de leur excellence dans la pratique, sont devenus les objets de notre admiration et de notre émulation. Nous devons suivre leur exemple et travailler à considérer l'amour centré sur soi et l'avidité comme des ennemis à bannir.

Tout en méditant ces pensées, lisons les trois stances suivantes à trois reprises.

Avec le vœu de libérer tous les êtres sensibles
Je prendrai toujours refuge
Auprès du Bouddha, du dharma et de la sangha
Jusqu'à l'atteinte de l'éveil intégral.

Porté par la sagesse et la compassion
Aujourd'hui, en présence du Bouddha
Je forme le vœu d'éveil intégral de l'esprit
Pour le bien de tous les êtres sensibles

Aussi longtemps que demeure l'espace,
Aussi longtemps que demeurent des êtres sensibles,
Puissé-je moi aussi demeurer jusque-là,
Et chasser les malheurs du monde.

Telle est la cérémonie du rayonnement du vœu d'éveil de l'esprit d'altruisme. Essayons de réfléchir chaque jour, ou dès que nous trouvons le temps, à la signification de ces vers. Je le fais moi-même et je considère cette réflexion comme très importante pour ma pratique.

Merci.

Postface

par Khyongla Rato et Richard Gere

En août 1991, le Centre tibétain et la Fondation Gere ont eu le grand honneur de recevoir Sa Sainteté le dalaï-lama, à New York, pour deux semaines d'enseignements. Ces derniers, dispensés à Madison Square Garden, se sont terminés par l'initiation au *kalachakra*, l'un des plus importants rituels du bouddhisme tibétain.

Kalachakra signifie la « roue du temps ». Les roues du temps ont continué à tourner et, lors d'un séjour en Inde au printemps de 1997, nous avons invité Sa Sainteté à revenir à New York pour commémorer l'initiation de 1991. Sa Sainteté a aussitôt accepté et nous avons fixé une date pour son séjour sans choisir de thème spécifique pour sa conférence.

Nous avons de nouveau rencontré Sa Sainteté un an plus tard. Nous avons beaucoup discuté du sujet qu'il aborderait. Nous lui avons d'abord demandé de dispenser un enseignement sur la conception du vide, le thème le plus profond et le plus difficile de la philosophie bouddhiste. Mais après mûre réflexion, nous avons estimé qu'il serait plus profitable de choisir un thème moins particulier qui permettrait d'embrasser le bouddhisme dans son ensemble, tout en restant accessible aux adeptes d'autres religions. Pressentant que ses auditeurs tireraient grand profit d'un exposé sur la voie du bodhisattva, Sa Sainteté a donc choisi de combiner les *Étapes de la méditation*, de Kamalashila, et les *Trente-Sept Pratiques des bodhisattvas*, de Togmay Sangpo.

Ces trois jours d'enseignements ont été dispensés au Beacon Theatre de New York devant trois mille personnes. Par respect pour la doctrine qu'elle professait, Sa Sainteté a commenté ces textes assise sur un trône. Nombre de participants ont accompli les prosternations rituelles et les offrandes symboliques, comme l'exige en principe cette tradition. À la suite de ces trois journées au Beacon Theatre, Sa Sainteté a donné une conférence plus ouverte et moins formelle dans Central Park. L'organisation de cet événement s'est révélée une entreprise redoutable, nécessitant l'assistance d'innombrables fonctionnaires de la ville, de l'État et du gouvernement fédéral. Des centaines de bénévoles ont donné d'eux-mêmes sans compter.

Cette rencontre est enfin arrivée. Le dimanche matin, passablement angoissés, nous avons conduit Sa Sainteté de son hôtel jusqu'à la Prairie Est, au croisement de la 5e avenue et de la 98e rue, une des entrées de Central Park. Sa Sainteté nous a demandé combien de personnes étaient attendues. Nous lui avons répondu qu'un public de quinze mille à vingt mille auditeurs nous comblerait, mais qu'en fait nous ne savions pas quel serait le nombre de participants. En remontant Madison Avenue, pour rejoindre le site de la conférence, nous guettions les premiers signes d'affluence sur les trottoirs. Aux abords de la 86e rue une foule compacte se dirigeait vers Central Park.

Nous avons emmené Sa Sainteté vers une tente aménagée derrière la scène et avons jeté un coup d'œil dans la fente du rideau. La Prairie Est tout entière était noire de monde. Ce fut une vision magnifique et électrisante. Nous avons appris par la suite que plus de deux cent mille personnes s'étaient tranquillement rassemblées dans Central Park, ce jour-là. Le site était rempli de bénédictions. La pluie qui était tombée plus tôt dans la journée avait cessé. Une sonorisation puissante et un écran vidéo permettaient à l'ensemble du public de suivre la conférence. Sa Sainteté s'est avancée sur une scène ornée de fleurs et a pris place sur une chaise de bois placée au centre.

Sa Sainteté avait choisi de s'exprimer en anglais. Dans son style simple, elle a incité tous les auditeurs à adopter la voie de la vertu. À n'en pas douter, parmi ceux qui l'écoutaient, bon nombre de participants rayonnaient la bodhicitta, l'aspiration à atteindre l'éveil suprême afin d'aider ses semblables. Nous pouvons imaginer que, de retour chez eux, ils ont partagé cette expérience avec leur famille et leurs amis, inspirant quantité de pensées et d'actes vertueux. D'autres ont lu des articles relatant l'événement ou l'ont découvert à la télévision. Par conséquent, des millions de gens ont diffusé de bonnes pensées à la suite de cette matinée à Central Park.

Selon la doctrine bouddhiste, d'innombrables bouddhas et bodhisattvas ont été témoins des pensées vertueuses générées par tous les participants à ce rassemblement. Nous croyons que les bouddhas et bodhisattvas ont alors prié pour que ces bonnes pensées ne se dispersent pas et pour que tous ces êtres progressent sur leur chemin spirituel.

Quand Sa Sainteté a achevé sa conférence, nous avons prié pour qu'à la suite de la vertu engendrée par cet événement Maitreya, le futur bouddha, vienne au monde et manifeste son Éveil, afin que l'esprit de tous les participants s'épanouisse dans la sagesse et que tous leurs besoins soient pourvus. Nous avons prié pour que Maitreya soit si satisfait, qu'il place sa main droite sur la tête de toutes les personnes présentes et prédise l'imminence de leur éveil suprême.

Dans la voiture qui le ramenait de Central Park, Sa Sainteté nous a remerciés d'avoir organisé cette rencontre et nous lui avons, en retour, exprimé notre gratitude. Il nous avait, un jour, confié combien il s'était senti seul lors de son premier exil, en 1959, lorsqu'il fuyait le Tibet envahi par l'armée chinoise. Il était, à l'époque, un réfugié abandonné de tous ; son peuple était victime d'un génocide. Quelque quarante ans plus tard, grâce à la vérité de ses paroles et au dévouement de son bon cœur, il compte d'innombrables amis partout dans le monde.

Le sujet de la conférence de Sa Sainteté, *Huit Stances de l'entraînement de l'esprit*, est une très haute pratique bouddhiste. En principe, un enseignement de cette nature n'est pas dispensé en public — et sûrement pas à une si large audience. Nous nous sommes réjouis qu'autant de gens soient venus entendre le dalaï-lama, sans pourtant nous cacher que le propos était complexe et riche. Comment ces personnes allaient-elles mettre en œuvre ces sages paroles ?

Un remerciement spécial doit être adressé à Khyongla et Rato Nicholas Vreeland pour les efforts déployés dans l'édition des enseignements dispensés par Sa Sainteté au Beacon Theatre et à Central Park. Leur contenu est pour une large part hors d'atteinte de la plupart des auditeurs. En discutant avec Nicholas de ces difficultés, Sa Sainteté lui a dit de « faire confiance à son flair », tout en veillant à ne pas altérer la profondeur et la pureté de ces enseignements. Nicholas a réussi brillamment. Le mérite de ce livre lui revient.

Mais c'est surtout Sa Sainteté le dalaï-lama que nous tenons à remercier afin qu'il continue de délivrer ces précieux enseignements. Puisse ce livre contribuer à la maîtrise spirituelle et à l'ouverture du cœur de chacun et de tous.

Table

Parus dans la collection
« Aider la vie »

Kofi Yamgnane
Droit, devoir... et crocodile, 1992.

Dans la tribu dont il est issu, l'auteur a appris que nous avons autant de devoirs que de droits et son analyse de notre société repose sur ce précepte.

Abbé Pierre, Bernard Kouchner
Dieu et les hommes, 1993.

Un dialogue entre deux grandes figures de notre société sur Dieu, l'illégalité, l'indiscipline, la souffrance et la mort, le droit d'ingérence...

Martin Gray
Vivre debout, 1993 (épuisé).

L'auteur de *Au nom de tous les miens* nous incite à trouver en nous-mêmes les moyens de faire face : penser, agir, créer, vivre passionnément.

Laurence Ink
Il suffit d'y croire, 1994.

Une jeune Parisienne révoltée découvre la sauvagerie des terres vierges du Québec. Une aventure terrienne et intérieure vers la sérénité et l'authenticité.

Alexandre Minkowski
Le Vieil Homme et l'Amour, 1993.
Donner sa chance
à chaque enfant du monde, 1994.

Durant des années, le grand néonatologue a mis en place des équipes de psychiatres et de psychologues afin d'aider les enfants victimes de toutes les détresses.

Sa Sainteté le dalaï-lama et Jean-Claude Carrière
La Force du bouddhisme
Mieux vivre dans le monde d'aujourd'hui, 1994.

Au sein des monastères de Dharamsala, un échange particulièrement enrichissant entre une figure spirituelle universellement reconnue et un écrivain proche de la culture orientale.

Marie de Hennezel
La Mort intime
Ceux qui vont mourir nous aident à vivre, 1995.

Marie de Hennezel, psychologue dans une unité de soins palliatifs, a raconté son parcours dans ce livre dont François Mitterrand dira que « la lumière qu'il dispense est plus intense que bien des traités de sagesse ».

Vénérable Hénépola Gunaratana
Méditer au quotidien
Une pratique simple du bouddhisme, 1995.

Méditer pour accéder à la nature même de la réalité. Cela reste la vraie réponse à nos besoins spirituels et un formidable moyen d'échapper au stress moderne.

Mario Mercier
Le bonheur est fait d'instants successifs, 1996 (épuisé).

Ce poète, peintre visionnaire et écrivain, nous propose une vision du bonheur musicale, sensitive, positive.

Malhon Johnson
Au-delà du miracle, 1997.

En 1992, le docteur Malhon Johnson est contaminé par le sida. Aujourd'hui il n'a plus de traces de la maladie dans son sang : son combat est un tournant dans la guerre contre le virus.

Patrick Henry et Marie-Pierre Borde
La Vie pour rien, 1997.

Clodos, vagabonds : où qu'ils soient, ils dérangent. Patrick Henry, qui fut leur premier médecin, et Marie-Pierre Borde, infirmière, témoignent dans cet essai d'une grande intelligence humaine.

Léon-Claude et Pierrette Lepelletier
Nous marcherons ensemble, 1997.

Il perd ses deux jambes à la fin de la guerre, elle est estropiée à la suite d'un bombardement... Et ils s'aiment depuis cinquante ans.

Marie de Hennezel et Jean-Yves Leloup
L'Art de mourir
Traditions religieuses et humanisme spirituel
face à la mort d'aujourd'hui, 1997.

L'auteur de *La Mort intime* et le prêtre et psychologue Jean-Yves Leloup abordent les questions spirituelles soulevées par la mort dans notre société moderne.

Bruno Gaumétou

Cette vie que la mort m'a donnée, 1997.

Bruno Gaumétou apprend, à vingt-trois ans, qu'il a deux cancers. Il va, par la découverte de soi, par une écoute de son corps, donner à la vie la possibilité de gagner.

Colette Victor

Le Cœur d'un couple, 1998.

Une histoire d'espoir pour ceux qui cheminent sur la voie du couple comme pour ceux qui souffrent de la perte d'un être cher. Voilà la leçon de vie que la femme de Paul-Émile Victor nous fait partager avec générosité.

Satprem

La Clef des contes, 1998.

Depuis notre naissance, nous sommes toujours en devenir. Comment s'effectue cette transformation ? C'est ce que nous raconte ce penseur de demain.

Mitch Albom

La Dernière Leçon, 1998.

Le grand journaliste sportif américain retrouve son vieux professeur d'université. Atteint d'une maladie dégénérative, celui-ci sera jusqu'au bout un homme vivant.

Sa Sainteté le dalaï-lama et Howard Cutler
L'Art du bonheur, 1998.

« Je pense que le but même de la vie, c'est la recherche du bonheur. Cela me semble évident. » *L'Art du bonheur* est sans doute la forme la plus aboutie de la réflexion du dalaï-lama.

Catherine Enjolet
En danger de silence, 1999.

Sans le savoir, on souffre de silences. La fondatrice de l'association Parrain par'Mille se bat contre les silences dont nos enfants sont les premières victimes.

Jean-Pierre Rosenczveig
Justice pour les enfants, 1999.

Au jour le jour, le président du tribunal pour enfants de Bobigny raconte le quotidien d'un magistrat confronté à la détresse.

Marie-Pierre Carretier
La misère est un péché,
biographie de Joseph Wresinski, 2000.

Pour qu'une démocratie soit juste, disait le fondateur d'ATD Quart Monde qui s'est battu toute sa vie contre la misère, il faut que toutes les lois soient faites en fonction des plus démunis.

Satprem
La Légende de l'avenir, 2000.

Satprem poursuit son œuvre de penseur et de poète, au croisement des pensées occidentale et orientale.

Marie de Hennezel
Nous ne nous sommes pas dit au revoir, 2000.

À travers des témoignages bouleversants — de malades, de parents, d'infirmières et de médecins —, Marie de Hennezel nous fait participer au débat sur la législation de l'euthanasie.

Dr Janine Fontaine
La vie vient du dehors, 2001.
Itinéraire d'un médecin pas comme les autres.

Médecin anesthésiste, le Dr Fontaine décide, il y a trente ans, d'« écouter » le monde d'une manière différente.

Noa Bercovitch
L'Arche de Noa, 2001.

Voici une étude, au travers d'histoires d'hier et d'aujourd'hui, de ces relations d'amour et d'entraide que les hommes et les animaux ont de tout temps tissées.

Maguy Lebrun
Un seul sang, un seul Dieu, 2001.

« Un acte d'amour vaut des heures de méditation. » L'auteur de *Médecins du ciel, médecins de la terre* rend hommage à ceux qui, chaque jour, tendent la main à plus démuni qu'eux...

Sophie Chauveau
Sourire aux éclats, 2001.

Sophie Chauveau scrute la société, interroge l'histoire, ou détaille l'art du portrait pour faire l'éloge de ce sourire qui éclaire nos vies et que nous devons tous diffuser.

Jean-Pierre Relier

Adrien ou la colère des bébés, 2002.

Avec l'histoire émouvante d'Adrien, né à 795 grammes, l'un des meilleurs spécialistes de la néonatologie lance un cri d'alarme et nous explique comment permettre à l'être de naître dans la sérénité.

La photocomposition de cet ouvrage
a été réalisée par
GRAPHIC HAINAUT
59163 Condé-sur-l'Escaut